Waring Vom richtigen Wohnen

Philippa Waring

Vom richtigen Wohnen

In Harmonie leben
mit Feng Shui

Aus dem Amerikanischen von
Susanne Kahn-Ackermann

IRISIANA

IRISIANA
Eine Buchreihe herausgegeben von
Margit und Rüdiger Dahlke

Die Originalausgabe erschien unter dem Titel
The Way of Feng Shui
by Souvenir Press Ltd., 1993
© Seventh Ltd.

Die Deutsche Bibliothek – CIP-Einheitsaufnahme
Waring, Philippa:
Vom richtigen Wohnen: in Harmonie leben mit Feng-shui /
Philippa Waring. Aus dem Engl. von Susanne Kahn-
Ackermann. – München: Hugendubel, 1995
(Irisiana)
Einheitssacht.: The way of feng-shui <dt.>
ISBN 3-88034-830-8

© der deutschsprachigen Ausgabe
Heinrich Hugendubel Verlag, München 1995
Alle Rechte vorbehalten

Umschlaggestaltung: Zembsch' Werkstatt, München
Produktion: Tillmann Roeder, München
Satz: Uhl + Massopust, Aalen
Druck und Bindung: Spiegel Buch, Ulm-Jungingen
Printed in Germany

ISBN 3-88034-830-8

Inhalt

Dank	6
Vorwort	9
1 Was ist Feng Shui?	13
2 Auf der Suche nach dem idealen Glück	22
3 Die Tür zum Glück	52
4 Verbesserungen in den Räumen	74
5 Harmonie im Garten	94
6 Blick in die Zukunft	106
7 Die Welt des Feng Shui	125
Literatur	137
Register	139

Dank

Dieses Buch konnte nur mit Hilfe der sorgfältigen Unterweisungen und der Großzügigkeit einer Reihe von chinesischen Feng-Shui-Experten zustandekommen. Hier seien unter anderem Wong Siew Hong, Jiang Ping Jie, Wang Chao Chuan und Kwok Man Ho genannt. Zu den westlichen Autoren, die mir bei meinen Forschungen geholfen haben, gehören John Michell, Stephen Skinner, Sue Ellicott, Chris Partridge, Jonathan Sale, Nicholas Roe und Jocasta Shakespeare. Ich danke der Chicago University Press für die Erlaubnis, aus der *I Ging* Ausgabe von Van Over und dem Verlag Thames & Hudson Ltd. aus *The Ancient Science of Geomancy* von Nigel Pennick zitieren zu dürfen. Mein besonderer Dank gilt zudem meinen Verlegern, die mir beim Schreiben dieses Buches eine große Hilfe waren und es mir ermöglichten, diese alte und komplexe chinesische Kunst den westlichen Lesern von heute nahezubringen.

P. W.

Feng-Shui-Symbol für Glück

Die wichtigsten Faktoren im Leben sind Schicksal, Glück, Feng Shui, Tugend und Erziehung.
Altes chinesisches Sprichwort

Feng Shui ist die Kunst, die günstige Lage für Grabstätten, Städte und Häuser ausfindig zu machen. Berge, Hügel, Wasserläufe, Haine und nahestehende Gebäude können bei der Kanalisierung der männlichen Yang-Einflüsse oder aber zu deren Abwehr von Nutzen sein.
Funk and Wagnalls Dictionary

風 水
Vorwort

Dieses Buch könnte Ihr Leben verändern. Seinem Ziel nach möchte Feng Shui, »die Kunst in Harmonie zu leben«, Männer und Frauen in die Lage versetzen, ihr ideales Lebensumfeld zu finden und dadurch zu Gesundheit, Wohlstand und Glück zu gelangen. Feng Shui ist eine Kunst – und für seine eifrigsten Verfechter eine »Wissenschaft« –, die schon seit fast dreitausend Jahren existiert und sich aus einigen der grundlegendsten Elemente des Lebens herleitet. Dank ihrer vernünftigen psychologischen und umweltbezogenen Prinzipien findet sie heute eine ganz neue Generation von Anhängern.

Für uns Menschen im Westen ist Feng Shui noch etwas relativ Neues. Die ersten Berichte von seiner Existenz gelangten erst vor gut einem Jahrhundert zu uns, und zwar durch Missionare und Konsularbeamte, die in diesem sich gerade eröffnenden riesigen Land auf der anderen Seite des Globus beruflich tätig waren. Manche dieser Leute hielten Feng Shui für abergläubischen Unsinn, andere gar für Teufelswerk. Doch sie alle waren erstaunt, daß so viele Menschen aus tiefster Überzeugung an etwas so Ungreifbares glaubten, das noch dazu »das Schicksal der Menschen beeinflußte«, wie sie sagten.

Chester Holcombe, ein amerikanischer Konsul in Peking, gab der Ansicht der meisten seiner Besucherkollegen Ausdruck, als er 1895 in *The Real Chinaman* schrieb: »Feng Shui ist ein Irrglaube, dem die ganze chinesische Nation anhängt, und diejenigen, die diese Kunst der Weissagung berufsmäßig ausüben, sind nicht weniger als Opfer anzusehen als jene, die sich ihrer bedienen, um sich von ihnen die verworrenen Rätsel ihrer persönlichen Angelegenheiten lösen zu lassen.« Constance Cumming, eine beherzte englische Reisende, ging in ihrem 1896 veröffentlichten Buch *Wanderings in China* sogar noch weiter: »Feng Shui ist ein völlig unsinniges Thema, aber leider eines, das im ganzen Reich lebendige Wirklichkeit ist und zudem nicht nur für jeglichen wissenschaftlichen und materiellen Fortschritt ein Hindernis darstellt, sondern auch noch oft genug für die Verfechter christlicher Werke eine wirkliche Gefahr und Verfolgung beinhaltet.«

Schon der Begriff Feng Shui stellte diese Leute vor ein Rätsel. Er bezog sich, wie man ihnen sagte, auf die beiden Elemente Wind und Wasser – den Wind, weil ihn niemand ganz verstehen konnte, und das Wasser, weil es nicht zu greifen war. Die meisten Ausländer kamen mit dem Begriff »Astrologie der Erde« einer Übersetzung in ihre Sprache am nächsten. Immerhin bemühte sich wenigstens ein Viktorianer um eine offene Gesinnung gegenüber dem, was er erfahren hatte, nämlich F. S. Turner, der für das *Cornhill Magazine* in London schrieb. Nach einem Besuch in Shanghai und Peking kam er zu dem Schluß: »Dieser chinesische Aberglaube, so absurd er auch erscheinen mag, hat sich nicht über tausend Jahre in einem riesigen, zivilisierten Volk, in einer Nation mit unzähligen Denkern und Gelehrten gehalten, ohne sich auf irgend etwas für den Menschen Natürliches und seiner Vernunft ganz offensichtlich nicht Entgegenstehendes zu gründen.«

In der Tat ist Feng Shui, wie nachfolgende Forschungen ergeben haben, das Resultat äußerst tiefen Nachdenkens und einer gründlichen Beobachtung der Beziehung zwischen Mensch und Natur. Wie sich erwiesen hat, vermag es das Verständnis der Menschen von der Welt, in der wir leben, zu verändern und auch unsere Lebensweise radikal zu beeinflussen. Es kann das heimische Umfeld eines Menschen und seine Beziehungen zu anderen Personen verbessern, und es lassen sich daraus sogar Omen für die Zukunft ablesen. Somit kann Feng Shui durchaus auch für Sie funktionieren.

In diesem Buch möchte ich das sich im Feng Shui verkörpernde uralte Wissen von der Harmonie zwischen Mensch und Natur erklären und zeigen, daß seine Systeme zur persönlichen Erfüllung heute ebenso effektiv wirksam sein können wie damals zu Beginn in China, als diese große und rätselhafte Kultur ihren Aufschwung nahm.

Philippa Waring

Ein Leben in Harmonie: »Allseitige Einigkeit beeinflußt sogar die Hunde im Haus«; ein Druck aus einem alten Feng-Shui-Kommentar, dem Shing Yu Seang Keae.

風 水
1. Was ist Feng Shui?

Von dem Tag an, an dem Helen ihr neues Apartment in London bezog, schienen die Dinge schiefzugehen. Normalerweise lebhaft und gesund wurde sie nun anfällig für Krankheiten und fühlte sich lustlos und merkwürdig unbehaglich, wann immer sie sich längere Zeit in ihrer Wohnung aufhalten mußte. Auch schienen ihre natürliche Energie und ihre Entschlossenheit, in ihrer Karriere als Computerprogrammiererin voranzukommen, auf bedauerliche Weise zu schwinden.

Sie hatte ihr Bestes getan, um aus der Wohnung eine attraktive und behagliche Bleibe zu machen. Schon vor ihrem Einzug hatte sie überall – im Wohnzimmer, Schlafzimmer, in der Küche und im Bad – neue Vorhänge aufgehängt und ihre Möbel, von denen ebenfalls einige neu waren, so arrangiert, daß die beschränkten Räumlichkeiten bestmöglich genutzt wurden.

Doch als aus den Tagen Wochen und dann Monate wurden, begannen zunächst ihr Optimismus, dann ihre Arbeit und schließlich die Harmonie ihres Lebens Schaden zu nehmen. Allmählich dämmerte ihr, daß es ihre Wohnung war, mit der irgend etwas ganz fundamental nicht stimmte. Sie fühlte sich einfach nicht richtig an. Helen konnte sich nicht erklären warum, aber das Apartment wirkte sich entschieden nachteilig auf sie aus. Wie konnte sie dieses wesentlichste Element ihres Lebens – ihr Zuhause – in einen förderlichen Ort umwandeln?

Helen fand die Antwort im Feng Shui.

Als man ihr diese alte chinesische Kunst zur Lösung ihrer Probleme empfahl, wußte sie nur, daß hier behauptet wurde, die Ausrichung und Gestaltung der Räume könnten einen starken Einfluß auf die Bewohner ausüben. Gemäß der Feng-Shui-Lehre, so wurde ihr erzählt, existiert eine als »Lebensatem« bekannte Naturkraft – von den Chinesen *Ch'i* genannt –, die ganz ähnlich wie die Energie im menschlichen Körper in jedem Teil eines Gebäudes zirkulieren und ungehindert fließen muß, sollen die Bewohner nicht Schaden nehmen. Dank der Anleitungen, die sie von einem Feng-Shui-Experten (oder *xians-*

13

heng, wie sie genannt werden) erhielt, konnte Helen herausfinden, was ihre Lebensenergie in der neuen Wohnung niederhielt, und die Situation ohne große Mühe oder Unkosten zum Besseren wenden. Und als sie das getan hatte, stellte sie fest, daß ihre Energie, ihr Wohlgefühl und ihr Enthusiasmus zurückkehrten.

Das Problem mit Helens Wohnung begann schon gleich an der Wohnungstür, auf die direkt eine Treppe zuführte, ein Leiter für schlechtes *Sha* – die Kraft, die nach Aussage der Chinesen dem *Ch'i* entgegenarbeitet. Doch dadurch, daß sie unmittelbar dahinter in ihrem Flur einen Wandschirm aufstellte, konnte sie auf einfache und wirksame Weise diesem Einfluß begegnen. Die Möbel in ihrem Wohnzimmer hatte sie ganz unschuldig in Form einer Pfeilspitze angeordnet, weil es irgendwie stilvoll aussah, und ihren Fernseher hatte sie vor der Fensterfront aufgestellt. Nach den Regeln des Feng Shui leitete ihre Anordnung der Stühle das schädliche *Sha* geradewegs in ihr gegenüberliegendes Schlafzimmer, wo es sie zweifellos in ihrem Schlaf beeinträchtigte. So wie der Fernseher aufgestellt war, entstand ein greller Glanz, ebenfalls ein Zeichen von *Sha*, was sich ungünstig auf ihre Sicht auswirkte. Diese Störelemente wurden beseitigt, indem sie den Fernseher vor einer Wand aufstellte und die Möbel umräumte.

In der Küche hatte Helen ihren Kühlschrank direkt neben dem Heizungsboiler installiert, was nach den Regeln des Feng Shui zwei gegnerische Elemente – Feuer und Wasser – miteinander in Berührung brachte und auch in diesem Raum schlechtes *Sha* erzeugte. Dadurch, daß sie den Kühlschrank neben die Spüle rückte – Wasser neben Wasser –, konnte das Gleichgewicht wieder hergestellt werden. Ihr Arbeitstisch stand direkt vor einem Fenster und mußte so umgestellt werden, daß das Licht von links einfiel.

In ihrem Schlafzimmer hatte Helen das Bett direkt unter einem Deckenbalken aufgestellt, der sich über die ganze Decke hinwegzog – schlechtes Feng Shui. Es wurde ihr geraten das Bett wegzurücken, da der Balken den *Ch'i*-Fluß im Raum beeinträchtigte. Um diesem nachteiligen Effekt zu begegnen, sollte sie zudem einen chinesischen Glücksbringer am Balken aufhängen.

Was das Wohnzimmer anging, so wurde ihr zur Verbesserung des Feng Shui auch eine andere Farbgebung angeraten, und so wich das Rot der Wände einem friedlicherem Pastellgrün; ein im rechten Winkel zum Hauptfenster aufgehängter Spiegel half das von den direkt gegenüberliegenden Gebäuden erzeugte schlechte *Sha* abzulenken und wieder aus der Wohnung hinauszuleiten.

Helens Einführung in das Feng Shui erwies sich als Offenbarung, und sie fragte sich, wie es denn um Himmels willen möglich war, daß ein vor dreitausend Jahren im ländlichen China entwickeltes System auch im heutigen London noch Gültigkeit besaß.

Den gleichen Gedanken hing ein junger Londoner Geschäftsmann namens Tom nach, der zu dem Schluß gekommen war, daß sein im Pendlerbereich von Surrey liegendes Eigenheim, in das er vor knapp einem Jahr eingezogen war, der Grund für sein schwindendes Glück sei.

Tom und seine Frau Jill hatten das Haus voller Optimismus gekauft. Es war ein freistehendes, einstöckiges Haus mit drei Schlafzimmern, das am Rande eines vor fünf Jahren errichteten Gebäudekomplexes von Stadthäusern stand. Die Tatsache, daß an seiner Rückseite eine Bahnlinie vorbeiführte, war gewiß nicht ideal, hatte aber den Vorteil, daß es Tom nur fünf Minuten von seiner Haustür bis zum Zug nach London hatte. Doch nur zwölf Monate später dachte das Paar ernsthaft an einen Auszug, so unglücklich waren die beiden inzwischen geworden.

Tom und Jill, die in einer engen und liebevollen partnerschaftlichen Beziehung gelebt hatten, stritten sich nun häufig. Jills Gesundheit hatte gelitten, und Toms Aussicht auf eine Beförderung hatte sich in diesem Jahr zweimal zerschlagen. Tom wußte, daß er seiner Arbeit nicht soviel Aufmerksamkeit wie früher gewidmet hatte und schrieb dies der Lethargie zu, die ihn seit dem Einzug in das neue Heim unerklärlicherweise überkommen hatte. Sogar die Pläne, die das Paar in bezug auf den ziemlich reizlosen Garten geschmiedet hatte, wurden fallengelassen, als sich nun ein Problem aufs andere zu türmen schien.

Sie waren kurz davor, sich zum Verkauf des Hauses zu entschließen, als Jill von Feng Shui hörte. Tom gibt heute bereitwillig zu, daß er anfänglich für den Gedanken, daß dieser alte chinesische Aberglaube in ihrer Lage von Nutzen sein könne, nur Hohn und Spott übriggehabt hatte und auch dann noch skeptisch war, als die von einem Experten vorgeschlagenen Veränderungen allmählich Wirkung zeigten.

Der übelste auf das Haus einwirkende Einzelfaktor war seine Lage direkt an einer Kreuzung in T-Form, wobei die an der Hinterseite vorbeiführende Bahnlinie das Problem noch verschärfte. Die Straße war die Ursache dafür, daß *Sha* direkt durch die Haustür geleitet wurde, und um dem entgegenzuwirken und eine Barriere zu schaffen, wurde auf entsprechende Anregung hin ein

Baum zwischen Straße und Haustür gepflanzt. An der Rückseite bot eine
Reihe von Pappeln nun nicht nur den vormals fehlenden Schutz, sondern sie
verdeckte zudem die Bahnlinie.

Wie in Helens Londoner Apartment fand sich auch hier in fast jedem
Zimmer des Hauses schlechtes *Sha*. Die Haupttreppe lag auf einer Linie mit
der Haustür, was, so vermutete man, jegliches gutes *Ch'i* zum Nachteil aller
Räume im Erdgeschoß geradewegs nach oben leitete. Im Schlafzimmer hatte
das Paar das Bett direkt gegenüber dem nach Westen ausgerichteten Fenster
aufgestellt. Dadurch kam zuviel Licht herein und war bei (sommerlicher)
Hitze ein ungestörter Schlaf kaum möglich; im Wohnzimmer hingegen bekam
der große Tisch nur wenig Licht und stand auch zu nahe an einer Wand,
weshalb man nur schlecht um ihn herumgehen konnte. In der Küche standen
Herd und Kühlschrank in einem Konflikt der Elemente nebeneinander; in
Toms Arbeitszimmer stand – wie in Helens Londoner Wohnung – der Schreib-
tisch direkt vor dem Fenster. Alle diese Mängel konnten, indem man die Feng-
Shui-Prinzipien befolgte, leicht behoben werden. Nur der unseligen Tatsache,
daß sich neben der Küche eine Toilette befand, die schlechtes *Sha* direkt in die
Küche leiten konnte, war schwer zu begegnen. Die Empfehlung, einen Per-
lenvorhang anzubringen, um das *Sha* von der Küche fernzuhalten, bot wahrscheinlich die beste Lösung.

Die Farbgebung wurde neu festgelegt und Gelb – das symbolisch für
Reichtum steht – für Wohnzimmer und Arbeitszimmer empfohlen. Sie erwar-
ben auch ein paar langes Leben und Glück symbolisierende Zierstücke, um in
einigen der anderen Zimmer das Glück anzuziehen.

Die darauf erfolgende Veränderung in Toms und Jills Leben erwies sich als
ebenso dramatisch wie die in Helens Fall. Toms Energie und Entschlußkraft
wurden zu Hause wieder angefacht, was sich bald auch auf seine Arbeit
auswirkte, und eine Beförderung war die Folge. Jills Gesundheit wurde wieder
hergestellt, und sie beschloß, sich eine neue Arbeit zu suchen. Beide machten
sich auch daran, den so lange vernachlässigten Garten in Angriff zu nehmen.

Feng-Shui-Kundige sagen, daß die Geschichten von Helen und Tom und Jill
keinesfalls ungewöhnlich sind oder Einzelfälle darstellen. Überall auf der Welt
konnten Männer und Frauen, die den Prinzipien des Feng Shui folgten und ihr
Heim wie einen menschlichen Körper behandelten – Fenster und Türen
entsprechen der Nase und dem Mund – und die Lebensenergien überall
hindurchfließen ließen, ein »krankes« Gebäude in ein gesundes verwandeln.

Wie nun Feng Shui funktioniert und auch für Sie funktionieren kann – das soll in diesem Buch erklärt werden.

＊　　＊　　＊

Wo Sie leben und *wie* Sie die Zimmer Ihres Heims aufteilen und die Möbel anordnen, das kann nach Aussage der chinesischen Verfechter des Feng Shui einen ganz wesentlichen Einfluß auf die Harmonie Ihres Lebens, auf Ihre Gesundheit, Ihren Wohlstand und Ihr Glück ausüben. Indem Sie sich die »Lebensenergie«, das überall fließende *Ch'i* zunutzemachen, können Sie zu Ihrem Wohlbefinden beitragen.

Diese Verfechter des Feng Shui glauben, daß sowohl die Ausrichtung eines Heims wie auch dessen Einrichtung einen nicht unbeträchtlichen Einfluß auf das Leben aller seiner Bewohner nimmt. Die Anordnung der Möbel, die Ausrichtung des Bettes, die Farbenwahl, der Zierrat – alles spielt eine Rolle bei der Schaffung einer Umgebung, in der ihre Bewohner Entspannung wie auch Anregung finden sollen. Der einfache Akt der Umstellung von ein paar Stühlen oder einer anderen Farbgebung kann sich äußerst günstig auswirken – und tatsächlich lassen sich jede Menge Unglücksfälle, von Krankheiten über finanzielle Probleme bis hin zu ehelichen Zerwürfnissen, einem Haus zuschreiben, bei dem die Prinzipien des Feng Shui vernachlässigt oder übersehen wurden.

Feng Shui befaßt sich auch mit der Lage eines Hauses, da es unter Umständen durch seine Nachbarschaft ungünstig beeinflußt werden kann, durch »schlechte Einwirkungen« oder *Sha*, das dann durch geeignete Gegenmaßnahmen ausgeschaltet werden muß. Und ebenso kann auch der Fluß der grundlegenden lebensspendenden Kräfte durch die Lage angrenzender Gebäude, Straßen oder auch naher Hügel und Wasserwege zum Grundstück hin- oder von ihm weggeleitet werden.

Ein *xiansheng*, den ich in Singapur traf, erklärte mir das Grundanliegen der Feng-Shui-Kunst.

»Die meisten Menschen möchten gerne wissen, wie sie im Leben erfolgreich sein können«, erläuterte er, »und auf diese Art von Beratung spezialisiert sich das moderne Feng Shui. Es bietet einen Code zur Regulierung Ihres Lebens und einen Plan an, wo Sie leben sollten, um Ihr Potential voll ausschöpfen zu können.

Ich glaube, daß das Feng Shui aus verschiedenen Gründen wichtig ist. Es kann Ihre Wohnstätte zu etwas Besonderem oder Bedeutungsvollem machen, was wiederum dazu beiträgt, daß zwischen Person und Ort eine Bindung entsteht. Es gibt den Menschen den Anreiz, aus ihrem Heim ein wirkliches Zuhause zu machen, weil gute Wohnbedingungen zur guten Gesundheit, zu einem glücklichen Leben, persönlichem Erfolg und Wohlstand beitragen können. In ihm spiegeln sich die Werte und Bestrebungen einer Person wider – und es hat einigen Lohn zu bieten, warnt aber auch vor den Strafen, die eine Vernachlässigung seiner Prinzipien nach sich ziehen. Doch was das Feng Shui so faszinierend macht, das ist die Tatsache, daß es sowohl eine mystische wie auch eine praktische Seite aufweist.

Haben Sie sich je gefragt, warum Sie sich an bestimmten Orten mehr ›zu Hause‹ fühlen als an anderen? Warum manche Häuser ihren Bewohnern Unglück zu bringen scheinen und sich niemand dort wohl fühlt?

Das kann natürlich etwas mit der Art und Weise, in der das Haus gebaut ist, zu tun haben oder mit seiner unmittelbaren Umgebung. Oder sogar mit den Nachbarn. Doch unser Behaglichkeitsgefühl kann durch alle möglichen Dinge beeinträchtigt werden: durch vollgestopfte Räume, eine öde Landschaft oder auch häßliche, schlecht proportionierte Gebäude.

Zweifellos ist unsere Beziehung zu unserem Heim für uns sehr wichtig. Es bedeutet Sicherheit und spiegelt auch unsere Persönlichkeit wider. Der Feng-Shui-Lehre zufolge wirkt sich die Umgebung, in der wir leben, auf unsere Persönlichkeit aus, und wenn wir beides in Harmonie miteinander bringen, können wir unsere Zukunft zum Besseren wenden.«

»Gleichgewicht« und »Harmonie« sind Begriffe, die wir beim Thema Feng Shui ständig zu hören bekommen – aus Gründen, die uns im Laufe unserer Erkundung noch einleuchten werden.

Wenn wir die Kunst des Feng Shui, »die Elektrizität der Natur«, wie sie auch von einigen modernen Kommentatoren beschrieben wird, verstehen wollen, dann müssen wir uns in die spezielle Entwicklungsgeschichte der Naturwissenschaft in China einfühlen. Im Gegensatz zum Westen, wo es immer darauf ankam, wissenschaftliche Entdeckungen mit Hilfe von praktischen Tests und Experimenten zu machen, verachteten die alten chinesischen Naturwissenschaftler jeglichen Einsatz von Instrumenten oder Tests. Sie sezierten keine Tiere, analysierten keine organischen Substanzen, sondern hielten präzise fest, was sie *beobachteten*, und schufen so eine Wissenschaft, die inneres

Bewußtsein mit uralter Tradition verbindet und die Naturkräfte zutiefst achtet und respektiert.

Diese Menschen entdeckten die natürlichen Energiekräfte der Erde Jahrhunderte bevor die orthodoxe Wissenschaft deren Existenz in Form eines Magnetfelds des Planeten bewies und machten sie sich zum Vorteil der Menschheit zunutze. Sie stellten fest, daß der »Lebensatem« oder das *Ch'i* auf unregelmäßigen Bahnen durch den Boden oder Wasserläufen entlang fließt und infolge einer durch die Einwirkung der Natur oder des Menschen stattfindenden Veränderung seine Richtung ändern kann.

Die alten Weisen betrachteten das Universum, in dem sie lebten, als eines, das sich durch die Interaktion zweier sich ständig bewegender Kräfte fortwährend verändert und entwickelt: Die Kraft des *Yin*, weiblich, dunkel, passiv, negativ, und die Kraft des *Yang*, männlich, hell, aktiv und positiv. Diese Kräfte bildeten jedoch keine sich feindlich gegenüberstehende Gegensätze, sondern ein harmonisches Gleichgewicht, in dem das eine nicht ohne das andere existieren konnte und gemeinsam durchdrangen sie alle lebendigen und organischen Dinge. Die Chinesen stellten die Kräfte von *Yin* und *Yang* in einem Symbol dar, das wie zwei ineinander verschlungene, gleichgeformte Kaulquappen aussieht, die eine schwarz, die andere weiß.

Das Yin-und-Yang-Symbol

Aus ihren Beobachtungen zogen diese alten Weisen auch die Schlußfolgerung, daß die unsichtbaren Energiekräfte der Erde dieselben sind wie die im menschlichen Körper – also das, was wir unsere »Energie« nennen – und daß, ebenso wie die Erde zur Beförderung von Harmonie und Wachstum ein vollkommenes Gleichgewicht dieser Kräfte benötigt, auch wir Menschen ein Gleichgewicht zwischen Körper und Geist brauchen, um gute Gesundheit und

Wohlstand zu erlangen. So wie das *Yin* sein *Yang* braucht, hat auch die in ungeraden Bahnen fließende Kraft des *Ch'i* ihren Gegensatz im *Sha* – in den ältesten Texten auch »der schädliche Wind« genannt –, welches nur in geraden Bahnen fließen kann.

Yin und Yang in Harmonie schaffen gutes Feng Shui – eine daoistische Zeichnung aus dem Jahr 1622.

Als die frühen Feng-Shui-Experten die Prinzipien dieser Kunst entwickelten, um die Menschen in Harmonie mit ihrer Umgebung zu bringen, entdeckten sie, daß es sich hier um universelle Kräfte handelt, die an jeglichem Wohnort eines Menschen zum Einsatz gebracht werden können: in einer Stadt oder in einem Dorf, in einem Herrenhaus oder einem Wohnschlafzimmer. Und was nicht weniger wichtig war, sie lernten und lehrten, wie die Kräfte des *Ch'i* und *Sha* ins Gleichgewicht zu bringen waren; sie zeigten, wie auf dem Lande die Wasserläufe und Hügel den Fluß der Kräfte kanalisierten und wie in den Städten dieselbe Funktion durch Gebäude und Straßen erfüllt wurde.

Wir brauchen nicht unser Leben lang nach einem Paradiesgarten irgendwo auf Erden zu suchen, so sagten sie: Zum inneren Frieden – jener großartigen persönlichen inneren Entdeckungsreise – können wir auch gelangen, wenn wir das beste aus unserer Umgebung machen. Von daher ist es auch kaum verwunderlich, daß ein solches eine Verbesserung der Umwelt anstrebendes System nach Ansicht seiner Vertreter eine ganz reale Bedeutung für unsere heutigen ökologischen Probleme hat.

風 水
2. Auf der Suche nach dem idealen Heim

Geht es um die praktische Anwendung der alten Feng-Shui-Kunst in unserer heutigen modernen Welt, dann kann ich gar nicht nachdrücklich genug betonen, daß wir uns ihrer inmitten einer großen Stadt ebenso wirksam bedienen können wie in einer spärlich bevölkerten ländlichen Gegend. Obgleich das System zu einer Zeit entwickelt wurde, in der die Chinesen wohl kaum den bürokratischen Restriktionen unterworfen waren, welche heute den Wohnungsbau regulieren, besitzen die von diesen frühen Experten niedergelegten Prinzipien in bezug auf die unmittelbare Umgebung einer Wohnstätte und den günstigen *Ch'i*-Fluß um und durch ein Haus, ganz gleich wie groß und wo es gelegen ist, auch heute noch ihre Gültigkeit.

Die sich auf die Lage eines Heims und seine Bewohner auswirkenden primären Einflüsse, die in Betracht gezogen werden müssen, wenn ein gutes Feng Shui gewährleistet sein soll, sind folgende:

1. *Der Ch'i-Faktor*: Das »Lebensatem«-Potential der unmittelbaren Nachbarschaft.
2. *Der Standort*: Die Bedeutung der Ausrichtung des Gebäudes, die Richtung, in die es blickt.
3. *Die fünf Elemente*: Deren Einfluß auf eine gegebene Örtlichkeit.
4. *Die Macht des Wassers*: Seine Bedeutung in bezug auf ein Grundstück.

Schauen wir uns nun diese Faktoren der Reihe nach an und beginnen wir mit der Umgebung eines Gebäudes.

Der Ch'i-Faktor

Die chinesischen Weisen, die die Feng Shui-Lehre entwickelten, hegten keinen Zweifel, daß der Schlüssel zur erwünschten harmonischen Existenz im »Lebensatem« zu finden ist. Für sie war er der Geist, der alles durchdringt und

22

alles belebt: Er erzeugt die Energie im Menschen, gibt der Natur ihr Leben, läßt Pflanzen wachsen, das Wasser fließen. *Alles* braucht *Ch'i*, um zu existieren.

Als sich diese Weisen der Existenz dieser natürlichen Kräfte erst einmal sicher waren, folgerten sie, daß diese positiv *(Yang)* und negativ *(Yin)* gepolt sein mußten, und entwickelten einen magnetischen Kompaß, den *Lo P'an*, um sie aufspüren zu können. Auf dieses Instrument werde ich in Kürze zu sprechen kommen.

So wie diese Energie in unsichtbaren »Bahnen« in der Erde strömte, mußte sie auch durch die Akupunkturmeridiane des menschlichen Körpers fließen. Eine gesunde körperliche Verfassung erforderte, daß sich deren positiven *Yang*- und negativen *Yin*-Elemente im vollkommenen Gleichgewicht befanden; nicht anders brauchte die Erde ein solches Gleichgewicht zur Erzeugung von lebenspendendem *Ch'i*, zur Erzeugung des »Lebensatems.«

Die weitere Erforschung ergab, daß dieses *Ch'i* in verschiedenen Formen existierte, die sich primär in *Sheng Ch'i (vitales Chi)* und *Ssu Ch'i (»totes« oder stagnierendes Ch'i)* unterscheiden ließen. *Sheng Ch'i* war *Yang* und *Ssu Ch'i Yin.* Man glaubte, daß ersteres vor allem in den Stunden des Sonnenaufgangs (das heißt von Mitternacht bis Mittag) floß, während letzteres vor allem in den Stunden des Sonnenuntergangs (am Nachmittag und am Abend) vorherrschte.

Das *Yang* und *Yin Ch'i* wurde auch mit den Jahreszeiten in Verbindung gebracht. *Sheng Ch'i* war in den Frühlings- und Sommermonaten am aktivsten, das *Ssu Ch'i* im Herbst und Winter. Nach der Feng-Shui-Lehre fielen auch die Omen in der ersten Monatshälfte besser aus als in der letzten.

Somit kann dem *Ch'i* eine beträchtliche Bedeutung für die zeitliche Planung eines Feng-Shui-Projekts zukommen: Frühjahr und Sommer sind ideal für größere Lebensveränderungen, vor allem wenn es um das eigene Heim geht – um einen Umzug, eine Renovierung oder, am wichtigsten von allem, um den Neubau eines Hauses. Wie einer der frühen Feng Shui-Autoren, Hsaio Zhi, in seinem Buch *Wu Xing Da Xi* um 600 v. Chr. schrieb: »Jedes Jahr hat zwölf Monate, und jeder Monat hat seine Positionen in Zeit und Raum des *Sheng* und *Ssu Chi*. Baut man auf einer Position des *Sheng Ch'i* auf, so wird sich Reichtum ansammeln; eine Mißachtung der monatlichen Position des *Ssu Chi* bringt Unheil und Unglück mit sich.«

Hat man die Art des *Ch'i* festgestellt, dann müssen als nächstes dessen Verlauf lokalisiert und seine Kräfte genutzt werden.

23

Aufgrund ihrer Landschaftsbeobachtungen gelangten jene Weisen zu einigen grundsätzlichen Schlußfolgerungen. Die wichtigste war die, daß die beste Lage für ein Haus, sollte das lebenspendende *Ch'i* vorteilhaft genutzt werden, die an einem Südhang war, wobei im Idealfall an einer Seite des Gebäudes ein Fluß oder Bach entlangfloß, der dann vor dem Haus eine Wendung machte und in der Erde verschwand.

Heute mögen wir einwenden, daß sich das von selbst versteht: Jedes an einem Südhang gelegene Haus bekommt ein Maximum an Sonne, ist vor Nordwinden geschützt und zudem, wenn ein Bach vorbeifließt, mit Wasser zum Trinken und Reinigen versorgt. Verschwindet der Wasserlauf in der Erde, ist auch für das Ablaufen des Schmutzwassers gesorgt. Und so finden wir im Feng Shui viel von dem, was wir »gesunden Menschenverstand« nennen.

Jene Weisen kamen weiterhin zum Schluß, daß ein Gebäude idealerweise an der Hangstelle erbaut werden sollte, wo zwei Hügel oder Berge zusammentreffen, wobei der eine etwas höher als der andere sein sollte. Dort, so waren sie sich einig, trafen auch die magnetischen Strömungen in der Erde, die positiven und negativen Kräfte von *Yang* und *Yin* zusammen. Für diese geographischen Formationen wählten sie die Namen »Azurblauer Drache« und »Weißer Tiger«.

Nach chinesischer Tradition gilt der Drache stets dem Tiger überlegen, weshalb es wichtig war, daß der Drachenhügel auffälligere Merkmale aufwies und etwas höher und zerklüfteter war. Außerdem mußte er sich zur Linken der Tigerformation befinden, und wenn sich der eine Hügel hinter dem anderen fortsetzte, so galt dies als noch günstiger, denn das bedeutete symbolisch, daß sich die beiden Geschöpfe sexuell vereinten.

Ernest J. Eitel erklärte in seinem 1873 veröffentlichten Werk *Feng Shui; or, The Rudiments of Natural Science,* eine der ersten für westliche Leser verfaßten Feng-Shui-Abhandlungen, die Bedeutung dieser Stätten:

»Der Drache und der Tiger werden ständig mit dem oberen und unteren Teil eines menschlichen Arms verglichen, und der günstigste Ort muß in der Beuge des Arms gesucht werden. Mit anderen Worten, im vom Drachen und Tiger gebildeten Winkel, an genau dem Punkt, wo sich die beiden von ihnen repräsentierten (magnetischen) Strömungen kreuzen, dort ist die glückverheißende Stätte, der Ort, um eine Wohnstätte für die Lebenden zu bauen oder aber eine Grabstätte, wo die Toten in Frieden ruhen können.«

Eine nach Feng-Shui-Prinzipien ideale Lage, hergestellt durch die Bergformationen des Azurblauen Drachen und des Weißen Tigers – Zeichnung eines chinesischen xianshen *aus dem 19. Jahrhundert.*

Im Kern besagte die Feng-Shui-Lehre, so führte Eitel aus, daß sich dort, wo sich ein Azurblauer-Drachen-Hügel erhob, auch stets ein kleinerer befand, der den Weißen Tiger repräsentierte, und daß die beiden zusammen eine Hufeisenform bildeten. Die Hügelkämme halfen den *Ch'i*-Fluß leiten, und

Die symbolische Verbindung von Tiger und Drache, die die Grundlage des Feng Shui bildet.

der »Lebensatem« wirkte sich an dem Punkt am vorteilhaftesten aus, wo die beiden Tierformationen zusammentrafen.

Ein berühmtes Beispiel für die Anwendung dieses Prinzips sind die im Nordwesten von Peking gelegenen, als *Shi-san Ling* oder Dreizehn Gräber bekannten Ming-Gräber, wo die Nachfahren des Kaisers Yung Lo begraben wurden. Dieser Ort wurde vor allem deshalb ausgewählt, weil die umliegenden Hügel die Form eines länglichen Amphitheaters bilden. Die Grabstätte des Kaisers selbst befindet sich im Zentrum des »Hufeisens«, während für seine Nachkommen ringsum ähnlich günstig gelagerte Ruhestätten ausgewählt wurden. Eine breite Straße führt auf die Gräber zu, gesäumt von in Stein gehauenen Tieren und Höflingen, die sich paarweise gegenüberstehen: Kamele und Einhörner, Elefanten und Pferde, gefolgt von zivilen und militärischen Hofbeamten.

Ein heutiger Besucher dieser Stätte wird, sofern er auch nur über die rudimentärsten Feng-Shui-Kenntnisse verfügt, nicht überrascht sein zu hören, daß die im Osten gelegenen Hügel der »Azurblaue Drache« und die im Westen gelegenen Hügel der »Weiße Tiger« genannt werden.

In einem Dokument, das im Laufe meiner Recherchen für dieses Buch in meinen Besitz gelangte, wurden die Richtlinien zur Sammlung des *Ch'i* einer Örtlichkeit im Zusammenhang mit der Planung einer bescheideneren Wohnstätte für die Lebenden von einem chinesischen Feng Shui-Experten des 19. Jahrhunderts niedergelegt. Da diese Experten ihre Geheimnisse äußerst eifersüchtig hüten, sind schriftliche Details dieses Rituals äußerst selten zu finden. Von daher meine ich, daß es sich lohnt, sie hier wiederzugeben. Das Dokument, in dem sich auch zur Illustration die Darstellung eines Experten bei der Arbeit findet, ist in Form von Fragen eines Klienten und Antworten eines »Drachenmannes«, wie die Feng-Shui-Experten in China auch genannt werden, abgefaßt.

Frage: Wie geht ein Mann vor, wenn er nach den Prinzipien des Feng Shui eine Wohnstätte bauen möchte?
Antwort: Er kauft ein Grundstück, engagiert einen Geomanten, der einen glückverheißenden Tag auswählen soll, umschließt das Grundstück mit einer Mauer und bereitet alles für die Grundsteinlegung vor.
Frage: Welcher Art sind die Zeremonien, derer es bei dieser Arbeit bedarf?
Antwort: Er muß seine Absichten öffentlich bekannt machen, so daß alle Bewohner seines Dorfes davon wissen und alle Probleme, die sich aus einer persönlichen Kränkung oder durch Einmischung ergeben mögen, ausgeräumt werden können. Was die Höhe, Breite und Länge der Wohnstätte angeht, so müssen feste Regeln eingehalten werden. Wenn zum Beispiel hinter dem Grundstück ein hoher Berg aufragt und an der Vorderseite ein Fluß vorbeifließt, während sich zu beiden Seiten baumbestandene Kämme erheben, dann sollte die Wohnstätte eine Höhe zwischen sechs und neun Metern und einen Turm aufweisen, in seiner Tiefe sechs oder sieben Höfe oder Abschnitte

Die berühmten Ming-Gräber in der Nähe von Peking und Begräbnisstätte der Kaiser, die nach Feng-Shui-Prinzipien angelegt wurden.

umfassen und eine Länge von etwa fünfzehn bis achtzehn Metern haben, damit die richtigen Proportionen gewahrt bleiben.
Frage: Was sollte hinsichtlich der Umgebung unternommen werden?
Antwort: Ein Geomant sollte die Lage von allen Seiten betrachten, um sicherzugehen, daß es nichts gibt, was sich als ein Hindernis für Behaglichkeit und Wohlstand erweisen könnte.
Frage: In jedem Dorf gibt es Häuser, die nach verschiedenen Richtungen ausgerichtet sind – ist dagegen etwas einzuwenden?
Antwort: Die landschaftlichen Gegebenheiten fallen jeweils unterschiedlich aus. Zum Beispiel kann sich hinter einer Örtlichkeit ein Hügel erheben und sich davor eine flache Ebene ausdehnen, doch es fehlen flankierende Hügel oder Erhebungen – dann werden Bäume gepflanzt, um diesen Mangel auszugleichen. Die Häuser befinden sich in einem solchen Fall meist auf gleicher Ebene und öffnen sich zur Vorderseite und nicht zur Seite hin. Wenn die Hügel dahinter einen Halbkreis mit langen Ausläufern bilden und wenn sich

dazwischen große Felder befinden und Baumgruppen und Quellen, dann können dort die Häuser so gebaut werden, daß sie sich auf dieser Ebene gegenüberliegen.

Frage: Welche Dinge werden an der Vorderseite eines Hauses als Quellen des Übels betrachtet?

Antwort: Eine gerade, direkt darauf zuführende Straße, auf der die Menschen kommen und gehen, oder ein Bach, der direkt davon wegfließt, zerstreuen gute Einflüsse, wie man sagt. Eine niedrige linke Hügelseite oder eine hohe rechte Hügelseite gelten beide als schlechtes Zeichen. Die Feng Shui-Lehre besagt, daß sich auf der linken Seite der Azurblaue Drache und auf der rechten Seite der Weiße Tiger befindet, und deshalb sollten die Hügel zur Linken, gleich ob es sich um eine Grabstätte oder ein Wohnhaus handelt, höher sein als die zur Rechten.

Frage: Gibt es in diesen Fällen irgendwelche Möglichkeiten, um die Mängel auszugleichen?

Antwort: Ist die linke Seite zu niedrig, dann können Bäume gepflanzt werden, damit sie höher wird. Ist der Wasserlauf zu gerade, dann kann für künstliche Windungen gesorgt werden. Hat jemand ein Haus gebaut, das höher ist als das eigene, dann kann mit Hilfe von Aufbauten das Haus höher gemacht werden, so daß die Sicht auf die Sterne nicht behindert wird.

*Ein Feng-Shui-*xiansheng *wählt den perfekten Ort für eine neue Wohnstätte aus. Druck aus der Zeit der Ching Dynastie.*

Die Ausrichtung des Hauses

Geht es im Zusammenhang mit der bestmöglichen Nutzung des vorherrschenden *Ch'i* um die ideale Ausrichtung eines Hauses, dann war gemäß der Feng-Shui-Lehre der Süden stets die favorisierte Richtung. Doch um die jeweils günstigste Lage lokalisieren zu können, entwickelten die Chinesen vor Jahr-

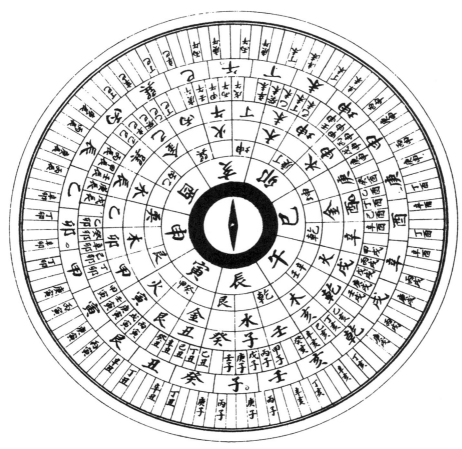

Die Kompaßnadel des im Feng Shui verwendeten Lo P'an *zeigt immer nach Süden.*

hunderten einen speziellen nach Süden ausgerichteten Kompaß, den sie *Lo P'an* nannten. Diese Kompasse mit ihren sehr komplexen Symbolen und Schriftzeichen werden heute normalerweise nur im fortgeschrittenen Feng Shui benutzt, so etwa wenn ein Haus von Grund auf und auf völlig jungfräulichem Boden errichtet werden soll. Von daher mag es beruhigend sein zu wissen, daß für die Zwecke dieses Buches ein normaler Kompaß völlig ausreicht.

Ursprünglich bestand der *Lo P'an* in seiner Grundform aus drei um eine magnetisierte Nadel angeordnete konzentrische Ringe. Er wurde irgendwann im siebten Jahrhundert entwickelt und diente damals vor allem dazu, die richtige Richtung für ein neues Gebäude oder aber die ideale Stätte für ein Grab zu finden. In der Folge kamen weitere Ringe hinzu, so daß heute der komplexeste *Lo P'an* bis zu 38 Ringen aufweisen kann! Der außerhalb Chinas verbreitetste Kompaß hat allerdings nur acht Ringe.

Das Wort *Lo P'an* besteht aus den Silben *lo*, was Spirale bedeutet, und *P'an*, was Scheibe meint; der Kompaß steht symbolisch für die Ausstrahlung des Guten. Er weist in etwa einen Durchschnitt von 24 Zentimeter auf, ist in seiner Form rund, um den Himmel darzustellen, aus gelacktem Holz gefertigt und nach unten hin wie eine Untertasse abgerundet. Er ist mit roten und schwarzen chinesischen Schriftzeichen bedeckt und ruht in der Vertiefung eines rechteckigen Bretts, in dem er kreisen kann. Dieses Brett soll die Erde symbolisieren und dient auch der Ausrichtung des Kompasses. In der Mitte des *Lo P'an* findet sich eine kleine magnetisierte Nadel, die mit ihrer roten Spitze nach Süden weist und mit dem anderen platten Ende nach Norden. Dies wird der »Himmelsteich« genannt, und es ist wichtig, daß wir die Bedeutung der roten Nadelspitze und ihrer Ausrichtung nach Süden verstehen.

Da die Chinesen von altersher glaubten, daß sie auf der Erde die Position des »Mittleren Reichs« einnahmen, und da die Wärme und das Gute stets aus dem Süden kamen, richteten sie ihre Kompasse verständlicherweise nach Süden aus. Weil die meisten ihrer höchsten Berge im Westen liegen und ihre Flüsse nach Osten fließen, wurde der Osten links und der Westen rechts angesiedelt. Der Norden hingegen war einfach ein Ort, von dem die eisigen Winde und die Dunkelheit des Winters herkamen, und nahm so die niedrigste Position ein. Die frühen Geomanten ordneten diesen vier Kardinalpunkten auch Geschöpfe zu, die die jeweiligen klimatischen Bedingungen wie auch die vier Jahreszeiten mit den ihnen entsprechenden Richtungen – also Sommer und Süden und so weiter – symbolisieren sollten. Somit sah der Kompaß in seiner Grundform folgendermaßen aus:

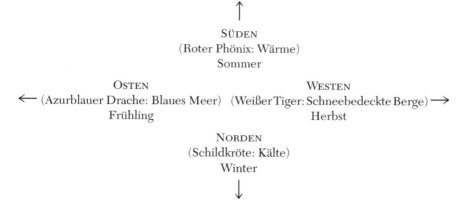

Wir müssen immer daran denken, daß die hier angegebenen Bezeichnungen, wenn wir keinen *Lo P'an* sondern einen normalen Kompaß benutzen, andersherum angeordnet sind.

Die Fünf Elemente

So bedeutsam die unmittelbare Nachbarschaft und die Ausrichtung eines Gebäudes im Feng Shui auch sein mögen, so kommt doch dem Prinzip der »Fünf Elemente« eine noch entscheidendere Bedeutung zu. Es sind deren Interaktion und die Folgen, die sich daraus ergeben, welche hier vor allem wichtig sind.

Hier die Fünf Elemente und ihre chinesischen Benennungen:

HOLZ: Mu
FEUER: Huo
ERDE: T'u
METALL: Chin
WASSER: Shui

Seltsamerweise haben die Chinesen zwar den uns seit den alten Griechen bekannten vier Elementen Feuer, Luft, Erde und Wasser das Holz und das Metall hinzugefügt, lassen aber das von ihnen so hochgeschätzte Element der Luft aus.

Als sich das Feng Shui entwickelte, glaubten die chinesischen Astronomen, daß es nur fünf Planeten gäbe, nämlich Jupiter, Mars, Saturn, Venus und Merkur, und so wurde jedes der Fünf Elemente einem Planeten zugeordnet:

> HOLZ: Jupiter
> FEUER: Mars
> ERDE: Saturn
> METALL: Venus
> WASSER: Merkur

Doch es war die wechselseitige Beziehung zwischen den Elementen, mit der sich die frühen Feng-Shui-Experten hauptsächlich befaßten, wie ein anderer früher westlicher Autor zu diesem Thema, J. J. M. DeGroot in seinem 1897 veröffentlichten Buch *The Religious System of China* erklärte.

Element	Holz	Feuer	Erde	Metall	Wasser
YIN UND YANG	Schwaches Yang	Starkes Yang		Schwaches Yin	Starkes Yin
ZAHL	8	7	5	9	6
RICHTUNG	Osten	Süden	Mitte	Westen	Norden
FARBE	grün	rot	gelb	weiß	schwarz
JAHRESZEIT	Frühling	Sommer		Herbst	Winter
WETTER	Wind	Hitze	Sonnenschein	Kälte	Regen
KLIMA	windig	heiß	feucht	trocken	gefrierend
PLANETEN	Jupiter	Mars	Saturn	Venus	Merkur

»Die Fünf Elemente«, so schrieb er, »bringen in bestimmten Zusammenstellungen einander hervor und zerstören sich auch. Holz bringt Feuer hervor, Feuer bringt Erde hervor, Erde bringt Metall hervor, Metall bringt Wasser hervor, Wasser bringt Holz hervor. Und andererseits: Metall zerstört Holz, Holz zerstört (d. h. absorbiert) Erde, Erde zerstört (absorbiert) Wasser, Wasser zerstört Feuer, Feuer zerstört Metall.«

Diese jeweils erzeugende oder generative und zerstörende oder destruktive Ordnung der Fünf Elemente, wie sie im Feng Shui festgelegt wurde und mit der Sie sich vertraut machen sollten, läßt sich ganz einfach darstellen:

Generative Abfolge

HOLZ

brennt und erzeugt

FEUER

das Asche hinterläßt oder

ERDE

aus welcher man gewinnt das

METALL

das geschmolzen fließt wie

WASSER

das notwendig ist, um wachsen zu lassen das

HOLZ

und so weiter

Destruktive Abfolge

FEUER

schmilzt

METALL

welches durchschneidet das

HOLZ

das die Nährkraft entzieht der

ERDE

die verschmutzt das

WASSER

welches löscht das

FEUER

und so weiter

Weiterhin stehen die Fünf Elemente symbolisch mit unterschiedlichen Graden des *Yin* und *Yang* in Verbindung; mit fünf kardinalen Zahlen; den vier Kardinalrichtungen des Kompasses sowie dessen Mitte; den Jahreszeiten, den Wetterbedingungen und mit dem Klima. Diese symbolischen Mitbedeutungen und Zuordnungen sehen Sie in der Tabelle auf Seite 34 aufgeführt.

So konnten die Feng-Shui-Experten, indem sie alles in fünf Kategorien einteilten, sichergehen, daß die mit irgendeiner Örtlichkeit, einem Gebäude oder auch mit dem Inneren eines Hauses in Verbindung stehenden Elemente in der richtigen Beziehung zueinander standen. Und falls nicht, konnten Gegenmaßnahmen ergriffen werden.

Nachdem sie ihre Fünf Elemente definiert hatten, waren die alten Weisen imstande, jedes dieser Elemente zur Kategorisierung der verschiedenen von ihnen beobachteten Hügel- und Bergformationen zu verwenden und ihnen Qualitäten der elementaren Art zuzuordnen.

1 *Spitzer Berg*

Ein steil aufragender majestätischer Berg, der in einem spitzen Gipfel endet, wird dem Mars und Feuer-Element zugeordnet.

2 *Säulenförmiger oder zylindrischer Berg*

Ein ähnlich geformter Berg mit einem flach abgerundeten Gipfel wird dem Jupiter und dem Holz-Element zugeordnet.

3 Tafelberg

Einer in seiner Form sehr viel gedrungenerer Berg, der oben ein Plateau aufweist, wird dem Saturn und dem Erd-Element zugeordnet.

4 Kuppelförmiger Berg

Dieser malerische Berg mit einem sanft gerundeten oder kuppelförmigen Gipfel wird der Venus und dem Metall-Element zugeordnet.

5 Unregelmäßig geformter Berg

Ein etwas unregelmäßig geformter Berg, der oben Einkerbungen und Wasserläufe aufweist, wird dem Merkur und dem Wasser-Element zugeordnet.

So stellten die Feng-Shui-Kundigen mit einem Blick fest, ob aneinander angrenzende Berge in ihrer Elementezugehörigkeit miteinander kompatibel waren oder nicht, und ob sie gegebenenfalls für das *Ch'i* in ihrer Umgebung schädlich waren.

Um einen typischen Fall zu nennen: Ein Hügel, der mit Jupiter und dem Element Holz assoziiert ist, geht eine unglückliche Verbindung mit einem Hügel ein, der Mars und das Element Feuer symbolisiert. Ein auffälliges Beispiel für diese spezielle Konjunktion findet sich in Hongkong, wo der Hauptberg der Jupiter-Definition entspricht, während sich an seinem Fuße ein Hügel erhebt, Taipingshan genannt, der den Mars symbolisiert. Viele Jahre lang wurde erzählt, daß die meisten Feuer in der Kolonie in der Gegend des Taipingshan ausbrechen!

Wir werden in Bälde auf die Bedeutung dieser Formen im Kontext einer modernen Örtlichkeit zu sprechen kommen.

4. Die Macht des Wassers

Bäche, Flüsse, Ströme, Seen und Teiche – im Grunde alle Arten von Wasserläufen – sind ebenfalls ein wichtiger Faktor in dieser alten Kunst, wie schon das Wort *shui*, das Wasser bedeutet, ersichtlich werden läßt. Interessanterweise klingt das chinesische Wort für *Ch'i* dem Wort für »Strom« sehr ähnlich.

Wie ich schon früher erwähnte, werden alle Wasserläufe als Leitbahnen für das *Ch'i* betrachtet. Folglich sind die Flüsse, die in sanften Biegungen oder auch engeren Windungen dahinströmen, besser geeignet, den Fluß des *Ch'i* zum Nutzen der an ihnen gelegenen Grundstücke zu kanalisieren. Diese Abschnitte sich dahinschlängelnder Wasserwege werden oft mit der Form des wohltätigen Azurblauen Drachen verglichen. Im Gegensatz dazu gelten schnurgerade verlaufende Wasserwege oder Flüsse mit sehr scharfen Biegungen als weitaus weniger günstig, da hier das *Ch'i* »weglaufen« und wie Wasser versickern kann.

Auch die Stelle, an der sich zwei Wasserläufe begegnen, kann hier von entscheidender Bedeutung sein. Treffen sie sich in einer anmutigen Biegung, dann deutet das auf ein günstiges *Ch'i*; aber ein Zusammenfluß, wo die Wasserströmung durch Verschlammung oder Versandung verlangsamt wird, oder aber in einem Flußdelta, wird das *Ch'i* nicht bewahren können.

Sehr rasch fließendes Wasser wird das *Ch'i* vom Ort wegführen, während ein sich sanft schlängelnder Fluß es bewahrt und somit äußerst wünschenswert ist. Die Chinesen sagen auch, daß ein Teich vor einem Gebäude das *Ch'i* besonders gut ansammelt – was ganz klar auf den Wert eines gut angelegten Gartenteichs hinweist.

Die Richtung, in der das Wasser in Bezug zum Haus fließt, ist ein weiterer Faktor, der bedacht werden muß. Der Grund dafür ist der, daß das Wasser symbolisch für Reichtum und Status steht, die entweder mühelos oder unter Schwierigkeiten einem Haus »zufließen« können. So schrieb 1872 ein anderer früher westlicher Kommentator, John Edkins, im *Chinese Recorder and Missionary Journal*: »Reichtum und Rang fließen wie das Wasser auf kapriziöse Weise von einem Punkt zum anderen. Von daher nimmt man an, daß Reichtum und Rang vom ungehinderten Fluß des Wasserlaufs abhängen, der an der Vorderseite einer Örtlichkeit vorbeifließt. Und wenn man sich dieser Örtlichkeit auf angemessene Weise annimmt, dann kann davon ausgegangen werden, daß ein ständiger Strom weltlicher Ehre und weltlichen Reichtums der Familie zufließen wird.«

Der allergünstigste Wasserlauf ist mit Sicherheit der, der direkt von Osten oder Westen auf ein Haus zufließt, dann in einer Biegung vom Haus wegführt und sich auf gemächliche und sich schlängelnde Weise fortsetzt. Der Vorstellung nach wird so das *Ch'i* sehr rasch herangeführt, verweilt aber dann noch in Folge des unregelmäßigen Verlaufs des Wasserwegs.

Befindet sich der Wasserlauf im Süden einer Örtlichkeit, dann ist das kein Problem, sofern das Wasser langsam fließt und, wie ich noch erklären werde, dafür gesorgt wird, daß sich das *Ch'i* nicht schnell verflüchtigen kann.

Die Chinesen glauben, daß ein wasserloser Ort ein schlechtes Omen ist, denn dies symbolisiert Dürre und kann darauf deuten, daß es den hier lebenden Familien an Nachkommen fehlen wird.

Trotz der potentiellen Probleme, die sich mit Wasserläufen verbinden können, bieten sie den Feng-Shui-Anhängern eine Gelegenheit, auf ihr Glück »Einfluß« zu nehmen, denn ein Bach oder Fluß kann in seinem Lauf auf subtile Weise so verändert werden, daß der »Lebensatem« eingefangen wird.

Für die Chinesen, die schon lange zur Bewässerung der Reisfelder ihr Wassersystem ausgebaut haben, sind solche Aufgaben ein leichtes. Bei uns im Westen jedoch haben Trockenlegungsexperten immer dazu tendiert, Flüsse zu begradigen oder das Wasser in direkten Bahnen zu kanalisieren.

Um aber ein gutes Feng Shui herzustellen, müssen in gerade verlaufende Flüsse Biegungen eingebaut, müssen scharfe Kurven gerundet, sollen wo immer möglich Zusammenflüsse geschaffen werden. Schöne Beispiele dieser Kunst können in der Praxis in Hongkong beobachtet werden, wo in eine Reihe vormals schnurgerade verlaufender, in unmittelbarer Nähe von Gemeinden befindlicher Wasserwege Windungen eingeführt und andere so umgeleitet wurden, daß sie die Gestalt hufeisenförmiger Wassergräben annahmen – alles um den Anwohnern Glück zu bringen.

Solche Ideen sind im Westen natürlich leichter zu erklären als in die Tat umzusetzen. Doch nach wie vor bahnen sich Flüsse unentwegt neue Läufe, und eine Person, die das Glück hat, an einem Fluß zu wohnen, der über das richtige *Ch'i* verfügt, kann dieses Potential noch vermehren, wenn sie die passende Vegetation an den richtigen Uferstellen anpflanzt, um ein plötzliches Verschwinden des *Ch'i* zu verhindern. Das Feng Shui erfordert keine Konfrontation mit den für das Wasser zuständigen Behörden, um etwa den Flußlauf ändern zu dürfen, sondern braucht vielmehr eine Bewahrung der zeitlosen Interaktion zwischen fließendem Wasser und der Erde.

Während das Wasser ganz zweifellos einer der Hauptfaktoren bei der Gestaltung unserer Landschaft ist – Berge und Täler herausschneidet, Ebenen planiert und Küstenlinien formt –, ist das andere gleichermaßen wichtige Element der Wind, der die Gleichung *feng* (Wind) und *shui* (Wasser) vervollständigt.

Die alten Weisen, die das Feng Shui entwickelten, hatten beobachtet, auf welche Weise der Rauch von Kerzen und Weihrauchstäbchen aufstieg, und glaubten daher, daß das *Ch'i* auch von den Winden getragen wird. Ihr Studium der Wellen und Wirbel, wenn der Rauch in die Lüfte stieg, ließen sie Einsicht in die Mechanismen vertikaler Luftströmungen gewinnen, schon lange bevor im Westen aus diesem physikalischen Element eine Wissenschaft wurde.

Sie kamen zur Schlußfolgerung, daß sich das *Ch'i* niemals anzusammeln vermochte, wenn der Wind aus irgendeiner Richtung ungehindert durch eine Örtlichkeit wehen konnte. Und da die feindlichsten Winde aus dem Norden kamen, sollte ein Haus durch Bäume oder irgendeine andere Schutzvorrichtung vor Winden aus dieser Richtung abgeschirmt sein. Umgekehrt sollte ein Haus gegenüber dem Süden, von woher die wärmenden und nährenden Winde kamen, so offen wie möglich sein, um dem *Ch'i* einen leichten Zugang zu gewähren.

Die Lage eines Hauses war nie ganz vollkommen, wenn es nicht in einer natürlichen oder von Menschenhand geschaffenen Vertiefung stand, wo es vor jeglichen starken Winden geschützt war, die all das gute *Ch'i* wegblasen konnten. Doch war es auch wichtig, daß das Gebäude in seiner Senke nicht so überschattet wurde, daß das *Ch'i* nicht mehr zirkulieren konnte, denn aus stagnierendem *Ch'i* wird natürlich *Sha*.

*

Das sind also die grundlegenden Prinzipien des Feng Shui. Unser nächster Schritt auf der Suche nach dem idealen Heim besteht nunmehr in der Anwendung dieser Prinzipien und zwar im Kontext typisch westlicher Städte oder Ortschaften. Hier wird auch die Bedeutung der Fünf Elemente und ihrer Interaktion offensichtlich.

Wir stellten fest, daß in dieser alten Kunst jedes dieser Elemente mit einem charakteristischen Landschaftsmerkmal verglichen wird: Feuer mit einem spitzen Bergipfel, Holz mit einem Berg in zylindrischer Form, Erde mit einem Tafelberg, Metall mit einem kuppelförmigen Berg und Wasser mit einem Berg, der einen wellenförmigen Kamm aufweist. Diese Prinzipien müssen nun auf unsere moderne Landschaft übertragen werden, was relativ leicht zu bewerkstelligen ist, wie Sie aus folgenden Beispielen ersehen können:

– Eine ländliche Gegend mit wellenförmigen Merkmalen oder eine Stadt mit einer unregelmäßigen Dächerlandschaft kann mit dem Element WASSER assoziiert werden.
– Eine ländliche Gegend, in der sich überall verstreut hohe Bäume und spitz zulaufende Hügel finden, oder eine Stadt, deren Bild von Kirchtürmen oder Fabrikschloten oder ähnlich hochragenden Gebäuden geprägt ist, ist mit dem Element FEUER verbunden.
– Eine durchgängig ebene Landschaft oder eine Wohngemeinde mit soliden Flachbauten wird mit dem Element ERDE assoziiert.
– Hügeliges Gelände und Wälder oder entsprechende Bauten wie Bürogebäude, hohe Apartmenthäuser und auch Brücken und Überführungen werden mit dem Element HOLZ in Verbindung gebracht.
– Eine Landschaft mit gerundeten Formen oder eine Stadt mit geschwungenen oder gewölbten Dächern wird dem Element METALL zugeordnet.

Wenn Sie nun die folgende Tabelle als Leitfaden benutzen, sollten Sie durch einen Vergleich Ihrer Wohnstätte mit den charakteristischen Merkmalen Ihrer Umgebung herausfinden können, ob beides kompatibel ist oder nicht und ob der Fluß des *Ch'i* in Richtung Ihres Heims befördert oder behindert wird.

| Gebäudeform | Umgebung | | | | |
	Feuer	Holz	Erde	Metall	Wasser
FEUER Apartmentblocks, spitze Dächer	stabil, doch kurzfristig	Wohlergehen	Glück und Erfolg	gesellschaftlicher Erfolg	unglückverheißend
HOLZ Wohnsiedlungen, Wolkenkratzer	Gefahr von Aufruhr	sehr stabil	kurzfristig günstig	gefährliches Mietverhältnis	Harmonie und Wachstum
ERDE Herrenhäuser, Flachdächer	Kontinuität und Stabilität	mangelnde Stimulierung	Stabilität	friedlich und zurückgezogen	Erfolg aber Isolation
METALL Große Bauten, Kuppeldächer	Finanzielle Probleme	Einsamkeit und Ängste	Wohlergehen	Stabilität	unspektakulärer Fortschritt
WASSER Einzelstehende Häuser, unregelmäßige Strukturen	Schlechte Beziehungen mit den Nachbarn	harmonisches Leben	Umweltverschmutzung	Wohlergehen und Glück	Stabilität und Flexibilität

Ein klassisches Beispiel für Kompatibilität wäre ein Haus mit Spitzdach, das auf das Element FEUER verweist, in einer Landschaft, in der das Element HOLZ dominiert, denn Holz ist die wesentliche Vorbedingung für Feuer und würde somit das Haus nähren und es zu einer beglückenden Wohnstätte machen. Da das Feuer auch für Ehrgeiz steht, wäre eine solche Umgebung vor allem auch für jemanden besonders passend, der von einem »brennenden« Verlangen nach Erfolg beseelt ist.

42

Eine Landschaft hingegen, die in ihren Merkmalen auf das Element WAS-SER verweist, und Gebäude, die von ihrer Form her dem Element HOLZ zuzuordnen sind, würde für Wachstum in einem etwas weniger hektischen Tempo sorgen und wäre ideal für die Menschen, die Beziehungen und Glück über den materiellen Besitz stellen. Eine dem METALL zuzuordnende Wohn-stätte in einer dem FEUER zugehörigen Umgebung wäre hingegen ein schlech-tes Zeichen.

Die Feng-Shui-Lehre ordnet jedem der Fünf Elemente noch weitere sym-bolische Merkmale zu, die wir bei der Wahl eines Heims ebenfalls berücksich-tigen sollten.

– HOLZ bedeutet Wachstum und Kreativität und ist ideal für die Personen, die eine Familiengründung in Erwägung ziehen oder zu Hause arbeiten wollen.
– FEUER wird stark mit intellektueller Entwicklung und Leistung assoziiert und stellt somit eine gute Grundlage für Höhenflüge dar.
– ERDE steht symbolisch für Backsteine und Mörtel, was auf Ausdauer und Verläßlichkeit verweist, und stellt somit eine exzellente Umgebung für Pendler dar.
– WASSER, das sich ja ständig verändert, wurde von den Chinesen auch immer als Element der Kommunikation betrachtet und bietet daher die ideale Umgebung für Menschen, die in den Medien arbeiten: Werbung, Presse, Film, Fernsehen und so weiter.

Interessanterweise werden Gebäude, die sehr viel Glas aufweisen, dem Was-ser-Element zugeordnet, obgleich manche Feng-Shui-Experten darauf beste-hen, daß diese unser modernes Stadtbild zunehmend beherrschenden Glas-türme eine Verbindung von Wasser- und Erd-Element darstellen – Elemente, die natürlich im Gegensatz zueinander stehen!

Wenn Sie jedoch bereits in einer Wohnung leben, wo sich die Elemente im Gegensatz zueinander befinden, oder wenn Sie daran denken, in eine solche Wohnung einzuziehen, weil sie in allen anderen Punkten Ihren Bedürfnissen entspricht, dann können Sie der Feng-Shui-Lehre zufolge die Situation abmil-dern, indem Sie ein sogenanntes »kontrollierendes Element« einführen.

Ich habe bereits die generative und destruktive Abfolge der Fünf Elemente erläutert, sollte sie hier aber vielleicht noch einmal in Form einer einfachen Graphik darstellen. Denken Sie daran, daß in der generativen Abfolge die nebeneinander befindlichen Elemente einander *helfen*, wohingegen sie sich in der destruktiven Abfolge *zerstören*.

Ein »kontrollierendes Element« ist ein Element, das entweder das schädigende Element »zerstört« oder das bedrohte Element »bestärkt.« Um ein einfaches Beispiel zu nennen: Ist ein dem HOLZ zugeordneter Wohnort von einem durch METALL bestimmten Umfeld bedroht, dann wird die Einführung eines kontrollierenden WASSER-Elements HOLZ erzeugen, während die Einführung eines kontrollierenden FEUER-Elements das METALL zerstört. Die Tabelle auf Seite 42 führt die kontrollierenden Elemente auf, die sich gegen die jeweils gegebenen bedrohlichen Elemente einsetzen lassen.

Im Laufe der Zeit haben die Feng-Shui-Experten viele verschiedene und ganz alltägliche Gegenstände vorgeschlagen, die das notwendige kontrollierende Element beinhalten und zum Schutz eines Gebäudes eingesetzt werden können. Ein paar typische Beispiele von Dingen, die am häufigsten verwendet werden, mögen hier zur Veranschaulichung der Tabelle beitragen und Ihnen helfen, sie gemäß Ihrer persönlichen gegebenen Umstände umzusetzen.

- FEUER: Wo die Umgebung von spitzen Dächern beherrscht wird, ist WASSER das erforderliche Element, und ein Gartenteich oder ein Wasserbehälter oder eine Topfpflanze auf dem Fenstersims wird seine Wirkung tun.
- HOLZ: Eine Landschaft mit hohen Gebäuden, Laternenpfählen, Telegraphenmasten und Bäumen erfordert die Gegenwirkung von METALL, und ein Goldfisch in einem Goldfischglas steht sowohl für Metall wie auch für Feuer.
- ERDE: Flachdächer brauchen den Gegeneinfluß von HOLZ und das Pflanzen von Bäumen oder ein grünes Dekor. Auch Pflanzen in der Wohnung auf den Fensterbänken erfüllen den Zweck.
- METALL: In einer Gegend, in der große Kuppelformen dominieren, stellt HOLZ das kontrollierende Element dar, und rote Farbe bei der Dekoration, Lampen, Lichter und andere Beleuchtungsarten in den Fenstern sollten hier ausreichen.
- WASSER: In einer Umgebung mit unregelmäßigen Bauten stellt ERDE das kontrollierende Element dar, und Steinplastiken im Garten oder Keramikschalen oder Vasen auf den Fensterbänken werden Schutz bieten.

GENERATIVE ABFOLGE

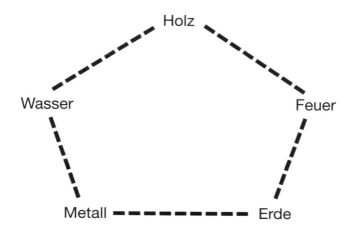

DESTRUKTIVE ABFOLGE

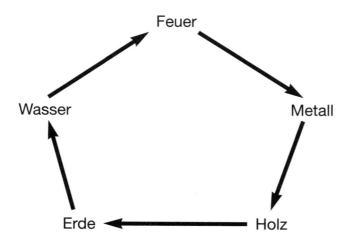

Die kontrollierenden Elemente

Gebäudeform	Bedrohendes Element	kontrollierende Elemente	
		Erzeugend	Zerstörend
FEUER	Wasser	Holz	Erde
HOLZ	Metall	Wasser	Feuer
ERDE	Holz	Feuer	Metall
METALL	Feuer	Erde	Wasser
WASSER	Erde	Metall	Holz

Natürlich ist es durchaus möglich, daß ein Gebäude von mehr als einem Element bedroht wird, in welchem Fall sowohl die generativen wie destruktiven Faktoren eingesetzt werden müssen. Im folgenden finden Sie eine Auflistung von weiteren Alltagsdingen, die mir ein *xiansheng* in Singapur empfahl und die, wie er sagte, Doppelelemente enthalten und entweder im Garten oder in der Wohnung eine Schutzfunktion übernehmen können.

FEUER und HOLZ: Rote Gartenblumen, Räuchergefäß.

FEUER und ERDE: Keramiklampe im Freien, kleines Öllämpchen.

FEUER und METALL: Roter Gartenzierat aus Porzellan, silberner Kerzenleuchter.

FEUER und WASSER: Zentralheizungssystem, pyramidenförmiger Glasbehälter.

HOLZ und ERDE: Kaktus im Garten, getrocknete Pflanzen in einer Vase.

HOLZ und METALL: Grüngestrichene Garage, Messer oder Schwert mit Holzgriff.

HOLZ und WASSER: Gartenteich mit Wasserpflanzen; dekorative Bambusflöte.

ERDE und METALL: Metallbehälter mit Sand; Gold- oder Messingornamente.

ERDE und WASSER: Springbrunnen, Kiesel vom Meeresstrand.

METALL und WASSER: Vogelbad aus Metall, Bild mit einer Wasserszene in einem Metallrahmen.

Sie sollten bedenken, daß die Feng-Shui-Experten in den chinesischen Gemeinden überall auf der Welt sehr unterschiedliche Ansichten darüber haben, welche Gegenmaßnahmen in der jeweils gegeben Situation zu ergreifen sind.

Von daher sollen die hier angeführten Beispiele nur als allgemeine Richtlinie verstanden werden, obschon sie in jedem Fall auf materieller Ebene zum erwünschten *Ch'i*-Fluß beitragen.

*

Haben Sie das nachbarschaftliche Umfeld auf seine Geeignetheit hin überprüft, kann das Grundstück selbst nach Feng Shui-Prinzipien unter die Lupe genommen werden.

Wir wir sahen, betrachtete man in der alten chinesischen Welt folgende Voraussetzungen als ideal für ein Haus: Die Lage an einem Südhang, wo es an seiner Rückseite (Norden) durch Hügel in Hufeisenform vor einer Beeinträchtigung durch das *Sha* geschützt sein würde, wobei die Hügelformation des Azurblauen Drachen (im Osten) auffälliger sein sollte als die des Weißen Tigers (im Westen).

Derartige Merkmale mögen ja in einem hügeligen Gelände oder in einer Gebirgsgegend leicht auszumachen sein, doch in den weiten Steppen Chinas war nichts dergleichen zu erblicken. So entschieden die Feng-Shui-Experten, daß alle nach Süden ausgerichteten Wohnstätten entweder durch die Errichtung einer wellenförmigen Mauer oder die Anpflanzung einer Reihe von Bäumen an der Nordseite des Gebäudes hinreichend »geschützt« werden konnten. Diese künstlichen Substitute durften nicht so hoch sein oder so nahe beim Haus stehen, daß sie das Sonnenlicht abhielten oder den *Ch'i*-Fluß unterbrachen – Richtlinien, die natürlich auch noch heute gültig sind.

Als die Zivilisation ihren Aufschwung nahm und die Städte wuchsen, zeigte sich allerdings bald, daß es nicht jedem möglich sein würde, die ideale Lage für sein Haus zu finden. Daher entwickelten die alten Feng-Shui-Experten ein Orientierungssystem, das auf jede Örtlichkeit anwendbar war. Es beinhaltete zunächst den Gebrauch des *Lo P'an*, um die Kompaßrichtung zu bestimmen, und dann die Erstellung einer Orientierungstabelle für die potentiellen Hausbewohner, welche diese Experten aus ihrer Beobachtung des planetarischen Systems entwickelten.

Diese Orientierungstabelle hatte das Geburtsjahr eines Mannes oder einer Frau zum Ausgangspunkt, woraus sich dann die ideale Ausrichtung seines oder ihres Heims ableiten ließ. Sehr gut war es natürlich, wenn die Haustür bereits in die erforderliche Richtung zeigte; war dies aber nicht der Fall, zog man den Kompaß zu Rate, um die Haustür und die Haupträume – das Wohnzimmer und das Schlafzimmer, die beiden Hauptzentren, durch die der »Lebensatem« ungehindert fließen mußte – in die richtige Beziehung zueinander zu setzen.

Tabelle zum Auffinden der idealen Ausrichtung

				Frauen				
SO	**O**	**SW**	**N**	**S**	**NO**	**W**	**NW**	**NW**
1908	1907	1906	1905	1904	1903	1902	1901	1900
1917	1916	1915	1914	1913	1912	1911	1910	1909
1926	1925	1924	1923	1922	1921	1920	1919	1918
1935	1934	1933	1932	1931	1930	1929	1928	1927
1944	1943	1942	1941	1940	1939	1938	1937	1936
1953	1952	1951	1950	1949	1948	1947	1946	1945
1962	1961	1960	1959	1958	1957	1956	1955	1954
1971	1970	1969	1968	1967	1966	1965	1964	1963
1980	1979	1978	1977	1976	1975	1974	1973	1972
1989	1988	1987	1986	1985	1984	1983	1982	1981
1998	1997	1996	1995	1994	1993	1992	1991	1990
				Männer				
SW	**O**	**SO**	**SW**	**NW**	**W**	**NO**	**S**	**N**
1908	1907	1906	1905	1904	1903	1902	1901	1900
1917	1916	1915	1914	1913	1912	1911	1910	1909
1926	1925	1924	1923	1922	1921	1920	1919	1918
1935	1934	1933	1932	1931	1930	1929	1928	1927
1944	1943	1942	1941	1940	1939	1938	1937	1936
1953	1952	1951	1950	1949	1948	1947	1946	1945
1962	1961	1960	1959	1958	1957	1956	1955	1954
1971	1970	1969	1968	1967	1966	1965	1964	1963
1980	1979	1978	1977	1976	1975	1974	1973	1972
1989	1988	1987	1986	1985	1984	1983	1982	1981
1998	1997	1996	1995	1994	1993	1992	1991	1990

Die abgebildete Tabelle deckt die Geburtsjahre in unserem zwanzigsten Jahrhundert ab und wird jede Person, die in einem Haus oder in einer Wohnung lebt, die nicht nach Süden ausgerichtet ist, in die Lage versetzen, das Wohnungsinnere gegebenenfalls nach Feng Shui-Prinzipien umzugestalten. Wenn Sie nicht ausgesprochenes Pech haben, sollten keine größeren Umbauten nötig sein.

Überprüfen Sie zunächst mit Hilfe eines Kompasses (falls Sie keinen *Lo P'an* haben) die genaue Richtungslage Ihrer Wohnstätte und stellen Sie fest, wo Süden ist. Suchen Sie dann in der Tabelle Ihr Geburtsjahr heraus. Die für Sie richtige Richtung finden Sie an der Spitze einer jeden Zahlenreihe angegeben. Wenn Sie zum Beispiel im Jahr 1944 geboren wurden und männlichen Geschlechts sind, dann ist der Südwesten die für Sie richtige Richtung.

Auch wenn Sie vielleicht nichts an der Ausrichtung Ihres Heims ändern können, so ist es eventuell doch möglich, zur Optimierung des *Ch'i*-Faktors innengestalterisch einige Veränderungen vorzunehmen und zum Beispiel dem einen oder anderen Zimmer eine andere Funktion zuzuweisen. Und selbst dann, wenn sie nur in einem Einzimmer-Apartment wohnen, können Sie den Feng-Shui-Prinzipien Rechnung tragen, indem Sie dafür sorgen, daß das Bett und der Wohnbereich die richtige Stelle einnehmen und das Kochen und Waschen in einiger Entfernung davon stattfindet. Im nächsten Kapitel werde ich detaillierter darauf eingehen, wie Sie die Innenräume Ihres Heims nutzen und gestalten können.

Zum Abschluß dieses Kapitels möchte ich jedoch zur Hilfestellung noch ein paar Feng-Shui-Grundregeln im allgemeinen Zusammenhang mit Grundstücken ansprechen.

Es wurde bereits erwähnt, wie wichtig Wasser in der Nähe eines Hauses ist und wie besonders vorteilhaft es ist, wenn sich der Wasserlauf dem Gebäude von einer Seite nähert, an seiner Vorderseite eine Wendung macht und bald darauf in der Erde verschwindet. Eine solche Situation ist in den Docklands Londons gegeben, einer der Gründe, weshalb die dort wohnende chinesische Bevölkerung diese Gegend als günstigen Wohnort betrachtet. Verschwindet das Wasser nicht in der Erde, dann kann man gemäß der Feng-Shui-Regeln den Wasserlauf an gegebener Stelle durch eine kleine Mauer, eine Hecke oder einige Büsche verdecken.

Verläuft der Fluß oder Bach an der Rückseite eines Gebäudes, oder steigt das Gelände vor dem Haus an, dann muß sich der Hauseingang an der Rückseite befinden, damit das *Ch'i* einfließen kann. Grundstücke, die nach Süden und auf offenes Gelände blicken – vor allem auf ein Tal, eine Heide oder auch aufs Meer – sind ideal wegen der sanften aus dem Süden kommenden Winde und weil das wohltätige *Ch'i* ungehindert einfließen kann.

Ein Haus auf einem dreieckigen Grundstück ist ungünstig, weil diese Form *Sha* anzieht. Dem ist aber entgegenzuwirken, wenn sich die Haustür an der Seite des Dreiecks und nicht an seiner Spitze befindet. Ähnliches gilt für ein Haus, das an einer Kreuzung in T-Form oder am Ende einer Sackgasse steht, denn es nimmt das ganze geradlinig fließende *Sha* auf wie auch in direkter Linie den ganzen Straßenlärm! Ein Haus am Ende einer Sackgasse bedeutet nicht nur eine *Sha*-Falle, es vermittelt auch seinen Bewohnern das Gefühl, in der Falle zu sitzen.

Die Chinesen glaubten immer, daß ein Haus, das an seiner Vorderseite etwas niedriger ist als an seiner Rückseite, geeignet ist, den *Sha*-Einfluß zu zerstreuen, aber eine solche Bauweise bildet in der westlichen Architektur nicht gerade die Norm. Ein großer Baum direkt vor der Eingangstür gilt als ungünstig, weil er den Geld-Fluß »wegleitet«.

Aus all dem geht hervor, daß andere ein Grundstück umgebende Gebäude und von Menschenhand errichtete Merkmale ebenfalls den *Ch'i*-Fluß entscheidend beeinflussen können und daher sorgfältig in Betracht gezogen werden müssen. In einer dicht besiedelten Wohngegend spielt die Beziehung zwischen Ihrem Heim und anderen Grundstücken eine große Rolle, vor allem dann, wenn die Ecke eines anderen Gebäudes, etwa eines großen Apartmenthauses oder eines terassenförmigen Wohnblocks auf Ihr Haus »deutet«. In der Feng-Shui-Lehre sind alle diese Ecken oder spitzen Winkel als »Geheime Pfeile« bekannt, die das schädliche *Sha* direkt in Ihr Heim lenken können. Sie sollen eine sehr ungesunde Umgebung schaffen, in der häufig Krankheiten auftreten.

Solche spitzen Winkel können sich auf Bürogebäude noch ungünstiger auswirken, da Ecken oder Kanten das Geld vertreiben, während es von Kurven angezogen wird. Ein Beispiel dafür, das mir ein Feng-Shui-Experte nannte, ist das spitzeckige neue Londoner Lloyd's Gebäude in der Lime Street, und – wie vorher zu sehen war – hat die Firma seit dessen Eröffnung eine Reihe von großen Verlusten erlitten.

Andererseits sind abgeflachte oder stumpfe Ecken eines Gebäudes, die auf die Vorderseite Ihres Heims weisen, gute *Ch'i*-Leiter. Sollte sich aber davor eine Straße befinden, die dann im rechten Winkel abbiegt, kann das dieselben Auswirkungen haben wie die »Geheimen Pfeile«. Eine Auffahrt bis hin zur Haustür sollte immer eine sanfte Kurve aufweisen, damit die guten Einflüsse herangetragen werden.

Ich erwähnte bereits, welche Auswirkung ein direkt vor der Haustür stehender Baum auf den Wohlstand einer Familie haben kann. In der Tat sind alle derartigen Hindernisse als ungünstig zu betrachten: Laternenpfähle, Telegraphenmasten, Starkstromleitungen, ja auch Denkmäler und Säulen sollen *Sha* in ein Gebäude leiten. Diesselbe Auswirkung können hohe Masten, hohe Kamine und Lagertanks auf ein Grundstück haben, das sich in deren Schatten befindet. Glücklicherweise werden heutzutage so viele Leitungen unterirdisch verlegt und Straßenlampen an Gebäuden angebracht oder über den Straßen aufgehängt, daß es sich hier nur noch um geringe Risiken handelt.

Eisenbahntunnels, Straßenunterführungen, Brücken und ähnliche Dinge, die auf ein Grundstück zuführen, sollten ebenfalls vermieden werden, obgleich durch die Intervention eines Wasserlaufs, etwa durch einen Teich, ein Wasserbecken oder einen Kanal die Auswirkung des *Sha* aufgehoben werden kann. Die besten *Ch'i*-Leiter sind stets ganz natürliche Gegebenheiten, denen die harten Linien der von Menschenhand geschaffenen Konstruktionen fehlen – wobei Felsformationen, ungleichmäßige Baumgruppen und unregelmäßige Formen am Horizont auf natürliche Weise das *Sha* abblocken.

Alle Nachbarschaften weisen ihre eigenen spezifischen Merkmale auf, die durch sorgfältige Beobachtung erkannt werden können. Die hier vermittelten Feng-Shui-Informationen sollen Ihnen nun dabei helfen, die für Sie geeignetste Wohnstätte zu finden. Anhand der von mir skizzierten Richtlinien sollten Sie herausfinden können, welche (falls überhaupt) Elemente in Ihrem näheren Umfeld im Gegensatz zueinander stehen oder sich direkt auf Ihr Wohngebäude auswirken, und welche kontrollierenden Elemente Sie unter diesen Umständen einsetzen können.

Wenn Sie diese wesentlichen Faktoren des Feng Shui erst einmal völlig begriffen haben und verstehen, wie sie im Umfeld eines Gebäudes wirksam sind, dann werden Sie sich daran machen können, voller Zuversicht einen stetigen *Ch'i*-Strom der Fülle mitten in Ihr Heim – in seine inneren Räume zu leiten.

風 水
3. Die Tür zum Glück

Für viele Menschen ist das Innere ihres Heims der wichtigste Aspekt ihres Lebens, dem sie denn auch die Vorzüge des Feng Shui vorrangig zukommen lassen möchten. Für sie besteht die primäre Funktion dieser Kunst in der richtigen Wahl der für die verschiedenen Aspekte ihres Lebens geeignetsten Räume, des Dekors und Möbelarrangements – eine Überzeugung, die sie mit deren erfinderischen Vertretern in alter Zeit weitgehend teilen. Und es besteht kein Zweifel, daß die ungünstigsten Elemente innerhalb *und* außerhalb eines Heims beseitigt und das Leben seiner Bewohner verwandelt werden können, wenn man den Details der Innenräume die angemessene Aufmerksamkeit zukommen läßt.

Den alten Chinesen kam vielleicht nie der Spruch der Engländer zu Ohren: »Mein Heim ist meine Burg«, doch ihr Wunsch, ihr Zuhause so zu gestalten, daß dadurch eine harmonische Lebensführung ermöglicht wurde, entsprach genau derselben Intention. Für sie war ein Haus mit dem menschlichen Körper zu vergleichen, das die guten Einflüsse des *Ch'i* durch seine Türen und Fenster »einatmen« mußte, sollte es bei guter Gesundheit bleiben.

Manche westliche Menschen, denen diese Feinheiten vielleicht entgehen, mögen das auf den Haushalt bezogene Feng Shui auf den ersten Blick für eine Mischung aus gesundem Menschenverstand und gutem Geschmack halten, für eine Art »mystisches Innendesign«, wie ich es auch schon nennen gehört habe. Und sicherlich stellt, soll in einem Zuhause ein Zustand des Wohlbehagens geschaffen werden, der korrekte Einsatz von Farbe, Licht und Ausstattung einen ganz wesentlichen Faktor dar. Ein in warmen Farben gehaltener Raum vermittelt denjenigen, die sich darin aufhalten, zweifellos ein wärmeres Gefühl, so wie gedämpftes Licht sie entspannt und das richtige Dekor sie behaglich fühlen läßt. Auch würde niemand leugnen, daß hervorragende Lebensbedingungen eine wichtige Rolle für die Gesundheit spielen, was wiederum Erfolg und Gedeihen in allen Lebensaspekten zur Folge haben kann.

Doch für die Anhänger des Feng Shui ist hier noch weitaus mehr im Spiel. Warum, so fragen sie, fühlt sich ein Mensch an einem Ort mehr zu Hause als an einem anderen? Das ist bestimmt kein reiner Zufall, sondern kommt daher, daß sich die betreffende Person mit der Umgebung *in Übereinstimmung* befindet. Denn die Kunst des Feng Shui zeigt uns, daß alles lebende Organismen in sich birgt, alles ein spezifisches Umfeld und Existenzbedingungen hat, unter denen es am besten gedeiht – und daß zu diesen »Organismen« nicht zuletzt das Menschengeschlecht gehört. Aber im Gegensatz zu den meisten anderen Organismen können wir uns unsere Situation aussuchen und sogar so manipulieren, daß sie einem harmonischem Leben förderlich ist.

Konfuzius, der berühmte chinesische Weise, studierte das Feng Shui.

Wie wir bereits hörten, haben die Chinesen schon vor Jahrhunderten herausgefunden, daß das Geheimnis häuslichen Glücks in einem Leben liegt, das in Übereinstimmung mit der Natur und den Energien der Erde geführt wird. Diese Weisen legten auch dar, wie diese Energien ausfindig gemacht und genutzt werden konnten, um die wohltätigen Kräfte des *Ch'i* zu fördern und jene des *Sha* abzuwehren. Das führte zu einem Lebensumfeld, das das tiefe menschliche Bedürfnis nach einem sicheren und behaglichen Heim befriedigte, und zwar sogar auch dann, wenn dieses außerhalb seiner Mauern von feindlichen natürlichen oder von Menschenhand geschaffenen Kräften umgeben war. Dieses System war so flexibel, daß es überall funktionierte.

Die Zahlensymbolik

Bevor Sie nun durch die Tür in Ihr künftiges glückliches Heim eintreten, sollten Sie noch darauf achten, daß der Feng-Shui-Lehre zufolge auch die Zahlen eine wichtige Rolle spielen – und zwar nicht nur deshalb, weil sich die chinesische Sprache für Wortspiele so gut eignet, wie ich einige Skeptiker einwenden hörte! Nach geomantischen Begriffen sind die Zahlen 2, 5, 6, 8, 9 und 10 glückverheißend, während die Zahlen 1, 3 und 4 Unglück bringen. Die Gründe dafür sind folgende:

2 bedeutet, daß die Dinge mühelos erreicht werden.
5 wird mit den günstigen »Fünf Elementen« assoziiert.
6 symbolisiert Reichtum.
8 ist ein Zeichen für künftigen Reichtum.
9 ist ein Zeichen für langes Leben.
10 deutet auf eine »Gewißheit.«

Die anderen Zahlen werden aus folgenden Gründen mit Unglück in Verbindung gebracht:
1 ist eine unpopuläre Zahl aufgrund des Glaubens der Chinesen an die Dualität von Yin und Yang.
3 gilt als gleichermaßen unselig, weil es sich um eine ungerade Zahl handelt, obgleich das Wort dafür in gewissen chinesischen Dialekten ganz ähnlich wie das Wort für »lebendig« klingt.
4 soll Unglück bringen, weil es wie *si* ausgesprochen wird, was Tod bedeutet.

Der Feng-Shui-Lehre zufolge sind zweistellige Hausnummern glückverheißend, da eine einstellige Zahl ein Zeichen für Einsamkeit sein kann. Achtsamkeit ist jedoch bei Hausnummern mit mehrstelligen Zahlen geboten, weil die Zahlensymbolik für einige Überraschungen sorgen kann. Zum Beispiel bedeutet 28 »leicht zu erlangender Reichtum«, während sich 104 in »Gewißheit zu sterben« übersetzt.

Da wundert es kaum, daß Immobilienmakler in chinesischen Gemeinden überall auf der Welt von Fällen berichten, in denen Klienten wochenlang um die Kaufsumme feilschten, um eine Summe mit unglückverheißenden Zahlen zu vermeiden. Manche hatten sogar zwei identische Häuser mit den Hausnummern 4 und 8 zum Kauf anzubieten und konnten keinen chinesischen Klienten finden, der auch nur einen Blick auf das erste Haus werfen wollte!

Die Macht der Spiegel

Kommen wir nun auf ein paar allgemeine, das Haus selbst betreffende Punkte zu sprechen. In China finden wir häufig in geringer Entfernung vor der Eingangstür eines Hauses eine kleine Mauer als Barriere für das *Sha*. Solche Mauern nennt man *Ying Pei* (Schutzschirme vor bösen Geistern) und sind wohl die durchwegs bekanntesten Manifestationen des Feng Shui. Im Westen können sie allerdings kaum eingesetzt werden, weshalb die *xiansheng* hier andere Alternativen entwickeln mußten.

Wo immer möglich, sollte sich die Haustür nach innen öffnen, damit das wohltätige *Ch'i* einströmen kann. Die Hintertür eines Hauses sollte sich hingegen nach außen öffnen, damit sich diese Lebensenergie, nachdem sie sanft durch Flure und über Treppen und durch alle Räume gestrichen ist, wieder zerstreuen kann. Sollte dieser Regel nicht entsprochen werden können, dann kann das *Ch'i* mithilfe einer Reihe von anderen Alternativen dennoch angezogen werden und durch die Haustür einfließen.

Überall im Fernen Osten sah ich unzählige Beispiele für angewandtes Feng Shui in Form glückverheißender Symbole, die an mit ungünstigen Vorzeichen verbundenen Türen angebracht worden waren. Darunter befanden sich Drachensymbole aus Messing und Türklopfer aus Metall in Hufeisenform, die die Verbindung von Azurblauem Drachen und Weißem Tiger darstellten. Mir wurde versichert, daß das bei uns im Westen bekannte Hufeisen gleichermaßen wirkungsvoll ist. In vielen chinesischen Wohnungen hängt auch im Eingangsflur ein vertrautes Klangspiel oder nahe der Haustür ein Tigerbild an der Wand, welche ebenfalls bei der Vertreibung böser Einflüsse helfen sollen.

Öffnet sich die Hintertür eines Hauses nach innen, so kann die stagnierende Luft dennoch zum Austreten gebracht werden, wenn man an der Wand dahinter einen ganz gewöhnlichen Spiegel anbringt. Dieser reflektiert dann den Garten oder die Landschaft und leitet die »schädlichen Dämpfe« hinaus. Ist die Hintertür eines Gebäudes von *Sha* bedroht, dann kann man im Idealfall gegenüber dieser Tür im Garten eine kleine Mauer so wie etwa ein *Ying Pei* errichten.

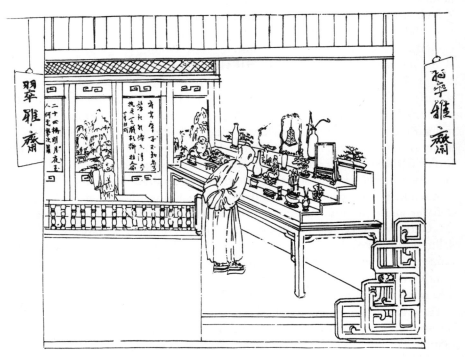

Spiegel, Glöckchen und andere Gebrauchsgegenstände für das Feng Shui werden in einem Singapurer Antiquitätenladen zum Verkauf angeboten; ca 1900.

Ein Haus, das einen zentralen Durchgang von der Vordertür zur Hintertür aufweist – oder wo die Hintertür von der Vordertür aus sichtbar ist – kann sich ohne Hilfsmittel keines guten Feng Shui erfreuen, denn eine solche Anordnung eröffnet dem schädlichen *Sha* Zugang und leitet jegliches gutes *Chi* schnell wieder hinaus. In diesem Zusammenhang wird auch gesagt, das ein Paar, das zwei durch einen geraden Flur getrennte Zimmer bewohnt, seine Beziehung ernsthaft gefährdet, weil dieser ihre Liebe »durchschneiden« kann.

Die meisten Experten sind sich einig, daß hinter der Haustür aufgestellte Wandschirme oder kleine Trennwände im Eingangsflur die beste und einfachste Methode sind, um zu verhindern, daß das gute *Ch'i* in Fällen, in denen sich Eingang und Ausgang auf einer Linie befinden, herein- und sofort wieder herausfließt. Ein am Türrahmen befestigter Netzvorhang kann den gleichen Zweck erfüllen. Der Flur sollte im Idealfall nicht zu schmal sein, und wenn er es doch ist, sollte man für eine helle Beleuchtung sorgen, damit das *Ch'i* nicht gedämpft wird oder etwa die Stimmung des Wohnungsbesitzers oder der Wohnungsbesitzerin, sobald er oder sie nach Hause kommen.

Der Feng-Shui-Lehre zufolge wird sich das Glück eines Hauses auch schnell verflüchtigen, wenn sich Gartentür und Haustür auf einer Linie befinden. Die heutige westliche Mode, Wohn- und Eßzimmer zu einem einzigen großen Raum zusammenzufassen, der die ganze Länge oder Breite der Wohnung einnimmt und zu beiden Seiten Fenster aufweist, ist ebenfalls nicht förderlich, weil das *Ch'i* dann durch die Wohnung durchrauscht, ohne die Zeit zu haben, seine lebenspendende Energie in allen Räumen zu verteilen.

Auch hier ist es wieder wichtig, daß der *Ch'i*-Fluß verlangsamt wird. Befinden sich Gartentür und Haustür auf einer Linie, dann wird eine sanfte Biegung des Gartenwegs die gewünschte Wirkung haben, und dies zu bewerkstelligen sollte selbst einem unversiertem Gärtner nicht allzu schwer fallen. Nimmt ein einziger Raum die ganze Breite des Hauses ein, dann kann durch die Unterteilung von Wohn- und Eßraum, etwa durch Bücherregale oder ein Cocktailschränkchen oder auch eine Stereoanlage, der *Ch'i*-Fluß umgeleitet werden.

Die chinesischen Anhänger des Feng Shui waren immer gegen Treppen, die direkt hinter der Haustür nach oben führen, da dann das *Ch'i* direkt in den ersten Stock geleitet wird, ohne das Erdgeschoß durchlaufen zu haben. Im Idealfall befindet sich die Treppe im hinteren Teil eines Hauses an einer Seitenwand und weist einen Treppenabsatz oder eine Wendung auf.

Meist ist es nicht möglich, die Position einer Treppe zu verändern, die mit diesen Regeln in Konflikt steht. Wie ich gesehen habe, befindet sich in solchen Fällen in vielen chinesischen Heimen als Gegenmaßnahme ein Vorhang am Fuß der Treppe, der zudem auch noch die durch die Haustür hereinwehende kalte Zugluft abhält.

Wollen Sie überprüfen, ob das *Ch'i* durch ein Gebäude zirkulieren kann, so gibt es eine einfache Methode. Sie wandern von der Eingangstür durch jeden Raum des Hauses, betreten und verlassen jedes Zimmer durch jeweils eine andere Tür und vermeiden es möglichst, ihren eigenen Weg zu kreuzen, bevor sie die Hintertür erreicht haben.

Ein solches Arrangement wäre natürlich bei einem Haus, das von Grund auf neu erbaut wird, machbar, doch im allgemeinen weisen die meisten Zimmer einer durchschnittlichen westlichen Wohnung jeweils nur eine Tür auf. Die Lösung für dieses Problem bietet der allgegenwärtige Spiegel, den ich schon im Zusammenhang mit der Hintertür eines Hauses erwähnt habe.

Wichtig ist, sich zu vergegenwärtigen, daß der Feng-Shui-Lehre zufolge die Funktion eines Spiegels nicht nur in der Widerspiegelung der menschlichen Gestalt besteht. Für die Chinesen bestand schon seit langer Zeit seine noch wesentlichere Rolle darin, daß mit seiner Hilfe der wohltätige *Ch'i*-Fluß weiterbewegt werden kann, wenn dieser in eine Sackgasse zu geraten droht. Von daher sind Ausrichtung und Neigungswinkel des Spiegels ganz entscheidend. Er sollte direkt auf die potentiell gefährliche Stelle gerichtet sein, so daß das *Sha* auf sich selbst zurückreflektiert und aus dem Haus geleitet wird. Im Idealfall sollte der Spiegel eine harmonische Szene von draußen, zum Beispiel Bäume oder Wasser, widerspiegeln.

Kann ein Spiegel nicht so aufgehängt werden, daß er das *Ch'i* verteilt, dann bieten sich Glücksbringer wie Glöckchen oder ein Yin- und Yang-Symbol, die an entsprechender Stelle von der Decke herabhängen, als zufriedenstellende Lösung an. Wir werden später noch auf die Wirksamkeit der verschiedenen Talismane und Glücksbringer zu sprechen kommen.

In geschlossenen oder fensterlosen Räumen, wie etwa in Badezimmern oder Toiletten, sind Spiegel besonders wichtig, denn ohne sie werden solche Orte leicht zu »toten Bereichen«, wie sie in der Fachsprache des Feng Shui genannt werden, die sich auf die Gesundheit der Bewohner nachteilig auswirken können. Tatsächlich finden Spiegel bei den Chinesen zur Vermeidung von schlechtem Feng Shui eine so vielfältige Anwendung, daß einige westliche Vertreter dieser Kunst sie als das »Aspirin des Feng Shui« bezeichnen.

Bevor ich nun auf die Faktoren zu sprechen komme, die sich auf die einzelnen Räume eines Hauses auswirken, möchte ich noch erwähnen, daß man gemeinhin glaubt, daß Menschen, die in Räumen wohnen und arbeiten, in denen eine Menge *Ch'i* vorhanden ist, energiegeladen und unternehmungslustig sind und im allgemeinen ihr Ziel erreichen. Manche Experten behaupten, daß sich das *Ch'i* oft im Wohnzimmer konzentriert, aber alle *xiansheng* sind sich einig, daß es vor allem im Schlafzimmer frei zirkulieren sollte.

Die Chinesen haben schon immer geglaubt, daß das Schlafzimmer der Ort der Erneuerung und Stärkung der Lebenskräfte ist, und von daher spielt es eine große Rolle, in welcher Beziehung dieser Raum mit allen anderen Räumen des Hauses steht. Damit Sie hier die richtige Wahl treffen können, bietet die Feng-Shui-Lehre als Hilfe eine Reihe sehr alter Symbole an, die als die »Acht Trigramme« bekannt sind und die ganze Weisheit des Universums verkörpern sollen. Jedem dieser Trigramme ist ein Familienmitglied und eine Richtung auf dem Kompaß zugeordnet worden (wobei die Kardinalrichtungen noch durch die Zwischenrichtungen wie Nordosten, Südosten usw. ergänzt wurden). Wendet man dann die Trigramme in Verbindung mit dem Grundplan eines Hauses oder einer Wohnung an, läßt sich daraus ersehen, wo jedes Haushaltsmitglied jeweils schlafen sollte, um sich das *Ch'i* bestmöglich zunutze zu machen.

Bevor ich nun auf die Funktionsweise der Acht Trigramme zu sprechen komme, müssen wir uns noch ihre Entwicklungsgeschichte ansehen.

Die acht Trigramme

Nach chinesischer Überlieferung entdeckte der erste Herrscher der Nation, der um 2953 bis 2838 v. Chr. lebende Kaiser Fu Hsi, diese unsterblichen Symbole, als er die Zeichnungen auf dem Panzer einer Schildkröte, eines der geheiligten Tiere in China, studierte. Folglich werden diese heute den heiligsten Emblemen chinesischer Geschichte zugerechnet.

So entdeckte der Kaiser der Sage nach insgesamt acht Kombinationen von durchgängigen und gebrochenen Linien auf dem Panzer dieses Geschöpfs, die das gesamte Wissen des Universums in sich bargen – ein Wissen, das nur von jenen verstanden werden kann, die deren Bedeutung zu enträtseln vermögen. Und so ist es nicht verwunderlich, daß diese Trigramme sich im ganzen Fernen Osten der höchsten Wertschätzung erfreuen (und zum Beispiel in Südkorea Bestandteil der Nationalflagge sind).

Die ihnen zugeschriebene tiefe Bedeutung läßt sich auf den ersten Blick nicht leicht erkennen, nehmen sich diese Trigramme in ihrem Erscheinungsbild doch sehr bescheiden aus. Sie leiten sich aus den alten Prinzipien von *Yin* und *Yang* ab: Das männliche Element wird durch die durchgängige, das weibliche Element durch die gebrochene Linie symbolisiert. Jedes Trigramm

59

besteht aus drei horizontalen Linien, die sich insgesamt zu acht verschiedenen Variationen kombinieren lassen.

Diese Trigramme können dann wiederum paarweise verbunden werden, so daß sie Hexagramme mit insgesamt sechs Linien ergeben. In allen ihren möglichen Verbindungen entsteht aus diesen Hexagrammen dann ein Gesamt von 64 Zeichen.

Wer sich tatsächlich zuerst alle diese Kombinationen ausdachte, wissen wir nicht – wenngleich sich der Kaiser Fu Hsi als vorrangiger Kandidat anbietet, da er sich bekanntermaßen der Acht Trigramme zur Erstellung von Horoskopen bediente, wie wir in Kapitel 6 noch sehen werden. Etwa um das Jahr 1143 v. Chr. hat dann ein gewisser König Wen die 64 Hexagramme systematisiert, ihnen Namen gegeben und sie mit interpretierenden Texten versehen. Sein Sohn, der Herzog von Chou, setzte das Entschlüsselungswerk fort und fügte weitere Anmerkungen zur Erklärung ihrer Bedeutung hinzu. Daraus entstand dann das, was wir heute als das *I Ging* oder »Das Buch der Wandlungen« kennen, das zur Weltliteratur auf dem Gebiet der Weissagung zählt.

Konfuzius fügte dem Buch später noch weitere Anmerkungen hinzu, aber trotz all der umfangreichen Beschäftigung damit bleibt es nach wie vor ein rätselhaftes Werk voller Symbolik und verborgener Bedeutungen, und die Leserinnen und Leser müssen ihr eigenes Deutungsvermögen und ihre Vorstellungskraft einsetzen, wenn sie die Geheimnisse dieses alten Weisheitsbuchs entschlüsseln möchten. Keine leichte Aufgabe, wie selbst der siebzigjährige Konfuzius nach vielen Jahren der Forschung konstatierte.

»Wenn ich noch ein paar zusätzliche Lebensjahre hätte«, so sagte er, »dann würde ich fünfzig Jahre davon dem Studium des *I Ging* widmen und danach vielleicht den gröbsten Irrtümern entgehen.«

Aber kommen wir auf die Acht Trigramme in ihrer Verbindung mit dem Feng Shui zurück. Jedes Trigramm hat einen chinesischen Namen, der sich für westliche Ohren etwas merkwürdig anhören mag. Nach chinesischer Art werden die durchgängigen oder gebrochenen Linien von unten nach oben gezeichnet. Die Zeichen, die zuunterst ein oder zwei durchgängige Linien aufweisen, deuten auf Stabilität, während die gebrochenen Linien auf Bewegung und Wandel verweisen. Hier die acht Trigramme:

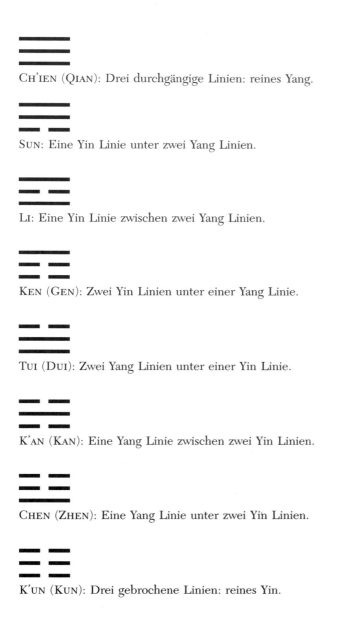

Ch'ien (Qian): Drei durchgängige Linien: reines Yang.

Sun: Eine Yin Linie unter zwei Yang Linien.

Li: Eine Yin Linie zwischen zwei Yang Linien.

Ken (Gen): Zwei Yin Linien unter einer Yang Linie.

Tui (Dui): Zwei Yang Linien unter einer Yin Linie.

K'an (Kan): Eine Yang Linie zwischen zwei Yin Linien.

Chen (Zhen): Eine Yang Linie unter zwei Yin Linien.

K'un (Kun): Drei gebrochene Linien: reines Yin.

So einfach sich diese Linien auch ausnehmen mögen, verkörpern sie doch für die Feng-Shui-Anhänger einen ungeheuren Erfahrungsschatz in bezug auf das Erlangen von Harmonie, Wohlstand und einem glücklichen Liebesleben, welcher sich über die Jahrhunderte hinweg herausdestilliert hat. Und sie sind ebenso wichtig, wenn es darum geht, die Schlafzimmer für die jeweiligen Famlienmitglieder auszuwählen.

In diesem Zusammenhang müssen wir zunächst wissen, welches Trigramm welcher Kompaßrichtung zugeordnet wird; die abgebildete graphische Darstellung gibt Ihnen Aufschluß darüber.

Abgesehen von der Verbindung der Trigramme mit den Kompaßrichtungen und einzelnen Familienmitgliedern gibt es in der Feng-Shui-Lehre auch noch eine Zuordnung zu verschiedenen Qualitäten, Elementen und Symbolen, die Sie folgender Tabelle entnehmen können.

Wenn Sie sich diese Tabelle vornehmen und sich dann den Grundriß eines Hauses, einer Wohnung oder auch eines Einzimmer-Apartments ansehen, dann sollten Sie den bestgeeignetsten Ort für den Schlafbereich eines jeden Familienmitglieds ausfindig machen können. Natürlich wird Ihnen sofort die Tatsache auffallen, daß Ehemann und Ehefrau einander direkt gegenüberliegende Kompaßrichtungen und demzufolge auch Zimmer an den gegenüberliegenden Enden eines Hauses einnehmen. Sie müssen bedenken, daß zur Zeit, als das Feng Shui entwickelt wurde, chinesische Ehepaare über ihre jeweils eigenen Räume verfügten, in die sie sich zurückziehen konnten, um sich auszuruhen, anzukleiden oder Toilette zu machen, daß es aber das Zimmer des Ehemanns war, in dem sie *schliefen*. Wenn Sie sich nun heute der Feng-Shui-Prinzipien bedienen wollen, dann sei Ihnen der Hinweis gegeben, daß sich das nach Süden gelegene Zimmer am besten für den Haushaltsvorstand eignet – gleich ob es sich hier um einen Mann, eine Frau, ein Paar oder eine Einzelperson handelt.

Der Feng-Shui-Lehre zufolge ist es nicht ratsam, zwei miteinander verbundene Schlafzimmer zu haben, weil dies seinen Bewohnern die Unabhängigkeit nimmt. Auch sollten die Schlafzimmer nicht über unbewohnten Räumen wie etwa Garagen oder Lagerräumen liegen, da dadurch ein *Ch'i*-Vakuum geschaffen wird.

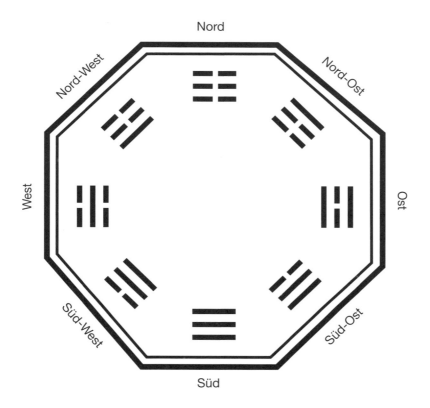

Zimmer mit Aussicht

Die alten Weisen, die die Feng-Shui-Prinzipien zusammenstellten, entwickelten auch einige nützliche Richtlinien für die Nutzung anderer unbewohnter Räume. Auch hier können Sie wieder die folgende Tabelle zu Rate ziehen.

Wie Sie dieser Tabelle entnehmen können, ist für die Mehrheit der Räume der Norden ein schlecht aspektierter Ort, ein Problem, das sich in vielen westlichen Wohnungen nur schwer lösen läßt. Deshalb raten die Feng-Shui-Experten, die Möbel in diesen Räumen nicht direkt nach Norden, sonden eher noch Nordosten oder Nordwesten auszurichten, damit das schlechte *Sha* neutralisiert wird.

Trigramm	Familienmitglied	Element	Eigenschaft	Symbolik
Ch'ien (S)	Vater	Metall	Stärke	Himmel
Tui (SO)	Jüngste Tochter	Metall	Freude	Meer
Li (O)	Mittlere Tochter	Feuer	Helle	Hitze
Chen (NO)	Ältester Sohn	Holz	Vitalität	Donner
K'un (N)	Mutter	Erde	Nähren	Erde
Ken (NW)	Jüngster Sohn	Erde	Hindernisse	Berg
K'an (W)	Mittlerer Sohn	Wasser	Bewegung	Flüssigkeit
Sun (SW)	Älteste Tochter	Holz	Wind	Wachstum

Richtungsweiser

Zimmer	Gutes Chi
Vordereingang	Süden
Treppe	Südosten
Eßzimmer	Osten oder Südosten
	Süden oder Südwesten
Wohnzimmer	Westen
Arbeitszimmer	Osten oder Westen
Badezimmer	Norden
Toilette	Norden
Schlafzimmer	Süden
Garage	Norden

Der Feng-Shui-Lehre zufolge ist es gut, wenn ein Heim viele Türen und Fenster aufweist, weil dies die Öffnungen sind, die das *Ch'i* frei zirkulieren lassen – von der für die Bewohner vorteilhaften Ventilation ganz zu schweigen. Doch ein Zimmer mit zu vielen Türen wird die Energie wahrscheinlich zerstreuen und auch ein zugiger Raum sein.

Türöffnungen und Fensterbänke können eine wichtige Rolle bei der Abwehr von »Geheimen Pfeilen« spielen, die von nahe gelegenen Hausecken oder Straßenkreuzungen ausgehen mögen. Gegenstände wie eine immergrüne Pflanze oder eine kleine Statue auf der Fensterbank oder ein Klangspiel hinter der Tür können hier das *Sha* am Eintritt hindern.

In chinesischen Haushalten sieht man oft gleich hinter der Tür eine Bambusflöte aufgehängt – und da das chinesische Wort für Flöte fast genauso klingt wie das Wort für »verschwinden«, ist die Bedeutung offensichtlich.

Fenster können ebenfalls eine große Hilfe sein, wenn es darum geht, das *Sha* abzuhalten. Sie können nämlich als Konzentrationspunkt der »kontrollierenden Elemente« gegen die äußeren, schädliche Energien erzeugenden Elemente eingesetzt werden. Die an früherer Stelle skizzierte Methode zum Schutz des Hauses läßt sich auf ähnliche Weise auch auf die Innenräume anwenden. Nehmen Sie die folgenden typischen Situationen als Beispiele, die sich leicht auf jegliche Umstände übertragen lassen, und ziehen Sie dann zur speziellen Orientierung die folgende Tabelle zu Rate.

Einfluß von außen	Kontrollierendes Element im innern
FEUER (Spitze Dächer, Kirchtürme)	WASSER (Wasserschalen, Karaffen)
HOLZ (Stangen, Masten und Bäume)	METALL (Eisenskulpturen, weiße Ornamente)
ERDE (Flachdächer, niedrige Gebäude)	HOLZ (Zimmerpflanzen, grünes Dekor)
METALL (Eisenkonstruktionen, Gerüste)	FEUER (Rote Kerzen, Räucherschälchen)
WASSER (Öffentliche Versorgungsleitungen, Hochspannungsmasten)	ERDE (Steinkrüge, gelbe Figuren)

– Wenn Ihr Ausblick von so weit verbreiteten Dingen wie Laternenpfählen oder Telegraphenmasten beeinträchtigt wird, also einem HOLZ-Element –, dann brauchen Sie etwas aus METALL, etwa eine Metallvase oder eine Kupferschale auf der Fensterbank, um dem schädlichen Einfluß zu begegnen.

– Blicken Sie auf spitze Dächer oder einen Kirchturm, dann symbolisiert dies das FEUER-Element, das durch das WASSER kontrolliert werden kann – vielleicht in Form einer Topfpflanze in einer Wasserschale.

– Sehen Sie auf eine Reihe von Flachdächern, die ja für das Element ERDE stehen, dann begegnen Sie dem durch das Element HOLZ vielleicht in Form einer Holzschnitzerei oder eines kleinen Holzkästchens.
– Sind Elektroinstallationen, die das WASSER-Element symbolisieren, das Problem, dann können Sie eine Vase aus Stein oder eine Keramikschale, die für das ERD-Element stehen, auf die Fensterbank stellen.
– Sollte das Problem ein häßlicher Gastank oder eine Eisenbrücke sein, die für METALL stehen, dann kann deren Einfluß durch das FEUER-Element in Form einiger Zierkerzen auf der Fensterbank begegnet werden.

Noch ein letzter Punkt zu den Fenstern. Ihre Form ist wichtig: Quadratische oder rechteckige Fenster sind für den *Ch'i*-Fluß günstig, wohingegen Spitzfenster das Feuer symbolisieren sollen und eine Herausforderung des Schicksals darstellen können.

Glücksbringer

Amulette und Talismane haben viele Jahrhunderte lang im angewandten Feng Shui eine bedeutsame Rolle gespielt. Wahrscheinlich sind ziemlich vielen Menschen die populärsten Gegenstände dieser Art vertraut, da man sie sehr häufig an den Wänden, Türen oder Fenstern von Chinarestaurants und -läden überall auf der Welt findet.

Die meisten Symbole auf diesen Amuletten sind sehr alt und gehören zu den auch im Feng Shui vorherrschenden Symbolen wie etwa der Azurblaue Drache in Verbindung mit dem Weißen Tiger, das Yin-und-Yang-Symbol und die Acht Trigramme. Häufig finden sich die Trigramme um das Yin-und-Yang-Symbol angeordnet, eingeschnitzt in ein achteckiges Stück Holz oder sonst auf einen Karton aufgedruckt und als Glücksbringer aufgehängt. Tatsächlich habe ich Beispiele für diese *ba-gua*, wie sie im Feng Shui genannt werden, in Wohnungen auf der ganzen Welt angetroffen, von Melbourne bis Singapur, von San Francisco bis Soho. Oft sind sie auch in Ladenfenstern zu sehen, wobei Fremde meinen, daß sie hier nur Dekorationszwecken dienen, in Wirklichkeit aber sollen sie vor schlechtem *Sha* schützen.

Auch der *Lo P'an* bietet machtvollen Schutz vor dem *Sha*, und ich habe ihn in zahlreichen chinesischen Heimen in der Ecke eines Zimmer stehen sehen, damit er die »schädlichen Dämpfe« aus dem Gebäude herausleitet.

Ein ba-gua-*Glücksbringer*

Alte chinesische Münzen, die Reichtum und Gedeihen symbolisieren sollen, kann man ebenfalls an der Vorderseite eines Hauses befestigt sehen, sowie eingravierte andere glückbringende Symbole wie Vögel, Früchte und Pflanzen. Tiergestalten sind als Glücksbringer auch sehr gefragt, wobei Löwen und Tiger ebenso populär sind wie Drachen und Hunde.

Die Schildkröte und der Goldfisch haben schon seit Jahrhunderten im Feng Shui ihren besonderen Platz: Die sich langsam bewegende Schildkröte steht für ein sehr langes Leben, und der Goldfisch soll Glück anziehen. Interessanterweise klingt das chinesische Wort für Fisch fast gleich wie das Wort für Erfolg.

Der Feng-Shui-Lehre zufolge können sogar die Schriftzeichen für solche Glücksbringer die gleiche Wirkung ausüben wie die Talismane selbst. Ein *xiansheng* in Singapur gab mir eine kleine Tabelle mit den Schriftzeichen, die seiner Aussage nach hier am meisten in Gebrauch sind. Sie können Sie gerne für Ihre eigene Verwendung kopieren.

祝	Bambus	Glück
鵲	Vogel	Besondere Freude
吉	Frucht	Glück
如	Fisch	Erfolg
寿	Alter Mann	Langes Leben

Die Schriftzeichen für jedes der Acht Trigramme sollen ebenfalls Glück bringen, wenn das für das Mitglied eines Haushalts angemessene Zeichen auf einem weißen Hintergrund aufgetragen und dann in ihrem oder seinem Schlafgemach aufgehängt wird. Hier folgen nun die entsprechenden Schriftzeichen für die, die das *Ch'i* in ihrem Schlafzimmer verbessern wollen.

Chi'en	乾	Tui	兌
Sun	巽	K'an	坎
Li	離	Chen	震
Ken	艮	K'un	坤

Manche dieser gebräuchlichen Talismane weisen überhaupt keine bildliche Darstellungen auf, sondern Inschriften mit altehrwürdigen Mottos, die den *Ch'i*-Fluß in einem Gebäude bestärken und den unheilvollen Einfluß des *Sha* vertreiben sollen. Zu dieser Tradition gehören auch die »magischen Texte«, und viele Jahre lang haben die Chinesen geheime Formeln auf ein Stück Papier geschrieben, das dann in einen Umschlag gesteckt, versiegelt und an einem Balken oder an der Wand befestigt wurde, um die bösen Geister abzuwehren. Diese Formeln bleiben aber im allgemeinen ein eifersüchtig gehüteter Schatz der professionellen Geomanten und werden jeweils auf den einzelnen Klienten persönlich zugeschnitten ausgewählt.

Doch dank der Freundlichkeit des *xiansheng* in Singapur, der mir bei den Recherchen zu diesem Buch sehr behilflich war, kann ich hier zwei authentische Feng-Shui-Amulette abbilden, wovon das eine für das Heim, das andere für ein Individuum gedacht ist. Nummer Eins kann in einem Haus aufgehängt werden, in dem die Feng-Shui-Regeln hinsichtlich der Ausrichtung, Zuordnung der Räume und so weiter beachtet wurden, und soll das Glück seiner Bewohner besiegeln. Nummer Zwei soll seinem Besitzer oder seiner Besitzerin zu Glück und Reichtum verhelfen.

Manche Talismane sind nicht sofort als solche erkennbar, weil es der Feng-Shui-Lehre zufolge eine Reihe von alltäglichen Haushaltsgegenständen gibt, die böse Einflüsse abwehren helfen und so einen Beitrag zu einem glücklichen Leben leisten. Hier seien vor allem Kristallanhänger, Klangspiele, Zauberglöckchen, Gongs, Fächer, Schwerter und natürlich Spiegel genannt. Auch Zimmerpflanzen, Armleuchter, Keramikgegenstände und Ventilatoren können, wenn sie strategisch richtig plaziert sind, zur effektiven Zirkulation des *Ch'i* beitragen.

Feng-Shui-Experten werden häufig ganz direkt gefragt, wie denn derartig banale Gegenstände als wirksame Barriere gegen das *Sha* fungieren können. Und sie antworten gleichermaßen geradeheraus: Ein Ventilator bläst es weg, ein Spiegel reflektiert es auf sich selbst zurück, und alle bösen Geister werden durch Gegenstände aus Metall, wie zum Beispiel Schwerter, entscheidend geschwächt.

Als ich einen *xiansheng* drängte, mir doch zu sagen, wieviel Glück ihm seiner Meinung nach all die Amulette und Talismane in seiner Wohnung gebracht hätten, zuckte er die Achseln, lächelte zweideutig und erwiderte: »Ich weiß nicht, aber wer weiß, wieviel *Unglück* sie abgewendet haben?«

In manchen chinesischen Läden habe ich auch eine Schere in der Eingangstür hängen sehen, und ein Ladenbesitzer erklärte mir, daß sie da hing, um alles Unglück, noch bevor es eindringen konnte, »abzuschneiden«. Dieser Mann

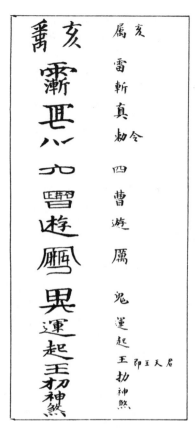 

Nummer Eins   Numer Zwei

Zwei Glücksamulette

wies mich auch auf die Ähnlichkeit hin, die zwischen der »destruktiven« Abfolge der Fünf Elemente im Feng Shui und dem bei Kindern in China und im Westen gleichermaßen sehr beliebten Spiel »Papier-Stein-Schere« besteht.

Wenn Sie sich entsinnen, so bedeutet die offene Handfläche ein Blatt Papier, die geballte Faust einen Stein und zwei gespreizte Finger eine Schere.

Man zählt bis drei, die Spieler zeigen dann eine der genannten Formen und daraus ergibt sich der Gewinner nach folgender Ordnung: Das Papier kann einen Stein einwickeln, gewinnt also; ein Stein kann eine Schere schleifen und triumphiert somit; die Schere kann das Papier schneiden und geht in diesem Fall als Sieger hervor.

Mein chinesischer Freund behauptet, daß sich dieses Spiel tatsächlich schon vor Jahrhunderten aus dem Feng Shui entwickelt habe, und obwohl ich weiß, daß es auch schon im Westen sehr lange existiert, hatte ich doch nichts in der Hand, um ihm widersprechen zu können.

In den großen chinesischen Gemeinden wie Singapur, Hongkong und San Francisco gibt es schon lange billige Broschüren zu kaufen mit Auflistungen von Hunderten von Glücksbringern wie auch Inschriften, Zaubersprüchen und Zauberformeln zur Aufhebung eines Fluchs. Außerdem finden sich darin häufig Abbildungen von chinesischen Gottheiten, die eine ähnliche Funktion wie die Wasserspeier an den alten Kirchen und Kathedralen im Westen haben sollen. Am beliebtesten unter den Feng-Shui-Anhängern sind hier Buddha, eine Reihe von daoistischen Heiligen und spezielle Gottheiten wie Kiang-tse-ya, der mit den Prinzipien von *Yin* und *Yang* in Verbindung gebracht wird, sowie der Gott des langen Lebens, dessen Gegenwart sich auf alle Mitglieder eines Haushalts wohltätig auswirken soll.

Es gibt viele und vielfältige Inschriften auf Amuletten, die alle einem Zweck dienen: dem Schutz des Besitzers oder der Besitzerin und der Abwehr des bösen *Sha*-Einflusses. Gewöhnlich werden sie mit roter Tinte auf ein dreißig Zentimeter langes Brettchen geschrieben, das idealerweise aus Pfirsichholz gefertigt ist. Eine solche Inschrift, die man sowohl im Inneren wir auch außerhalb vieler chinesischer Wohnungen findet, lautet: *T'ai Shan Kan Tang*, was man mit »Dieser Stein vom Berg Tai ist verehrungswürdig« übersetzen kann. Der Berg Tai ist ein berühmter heiliger Berg in China, und viele Jahre lang wurden Steine von diesem Berg in die Mauern eines Gebäudes zum Schutz gegen schlechte Einflüsse eingesetzt.

Diese »glückbringenden« Steine sah man in chinesischen Städten am häufigsten in der Mauer eines Gebäudes, das an einer Kreuzung in T-Form stand. Man glaubte, daß der auf das Gebäude direkt zulaufende *Sha*-Fluß dann rechtwinklig abbog und nicht in das Haus eindrang. Heute sind diese Steine weitgehend durch kleine Holzplaketten ersetzt worden, die aber immer noch dieselbe Inschrift zur Anrufung des Schutzes des heiligen Bergs aufweisen.

Eine beliebte Feng-Shui-Illustration, auf der ein verehrungswürdiger Daoist mit einem Yin-und-Yang-Symbol zu sehen ist.

Das Glück soll auch durch eine andere erfindungsreiche Methode angezogen werden, nämlich durch ein rotes Papier, auf dem sich vier chinesische Schriftzeichen befinden, die übersetzt lauten: »Möge mein Gegenüber Glück haben« oder »Möge mein Gegenüber Reichtum erlangen«. Dieses Papier wird dann an einer Mauer befestigt, die der Eingangstür der Person, die davon profitieren will, gegenüberliegt; das heißt, das mit diesem frommen Wunsch angesprochene »Gegenüber« ist natürlich niemand anders als der Urheber des Papiers!

風 水
4. Verbesserungen in den Räumen

Ein Zuhause bildet natürlich immer die Gesamtsumme seiner Einzelteile, gleich ob es sich um ein großes Haus oder ein kleines Apartment handelt, und die Feng-Shui-Lehre bietet spezielle Richtlinien für jeden Raum an, damit insgesamt eine harmonische Umgebung geschaffen werden kann. Diese Regeln kristallisierten sich aus den Grundideen der ersten chinesischen Experten heraus, und obwohl dazumal die Wohnstätten ziemlich anders aussahen als heute, haben sich die von ihnen eingeführten Prinzipien als zeitlos erwiesen. Ich möchte Ihnen zunächst ein paar Hinweise auf Räume im allgemeinen geben, bevor wir auf die Zimmer im einzelnen zu sprechen kommen.

Einer der hier wichtigsten Aspekte ist der, daß alle Räume quadratisch oder zumindest rechteckig sein sollten. Die alten Weisen glaubten nämlich, daß das Quadrat die Erde symbolisierte und geometrisch ausgewogen war. Von daher hat selbst ein diese Bedingung erfüllendes Einzimmer-Apartment sofort bessere Chancen, sich eines guten Feng Shuis zu erfreuen.

In Räumen mit unregelmäßigen Formen finden sich, wie man sagt, »tote Bereiche«, in denen das *Ch'i* nicht zirkulieren kann und deshalb stagniert. In solchen Ecken sollte zur »Ausbalancierung« der Gesamtform ein massives Möbelstück aufgestellt werden, ein Wäscheschrank zum Beispiel oder eine Kommode oder eine Vitrine.

Gemäß einer der kleinen billigen Feng Shui-Broschüren, die ich in Singapur kaufte (und die die kuriosesten Illustrationen aufweisen, von denen hier eine abgebildet ist), soll das *Ch'i* auch besser zirkulieren können, wenn die Räume über bestimmte geomantische Dimensionen verfügen. Die *guten* Dimensionen bewegen sich zwischen:

– 0 bis 5,375 Zentimeter
– 16,125 bis 26,875 Zentimeter
– 37,625 bis 48,375 Zentimeter
– plus zu den oben genannten Angaben jedes Vielfache von 43 Zentimetern.

Das Feng Shui bietet Richtlinien für die idealen Raumgrößen.

Die *schlechten* Dimensionen bewegen sich zwischen:

– 5,375 bis 16,125 Zentimetern
– 26,875 bis 37,625 Zentimetern
– plus zu den oben genannten Angaben jedes Vielfache von 43 Zentimetern.

Diese Zahlen sind offensichtlich seit Jahrhunderten akzeptiert worden und wurden ursprünglich von den ersten *xiansheng* auf der Grundlage ihres Studiums der Acht Trigramme und des *I Ging* ermittelt, obgleich es nach wie vor ein tiefes Geheimnis bleibt, wie diese weisen Menschen zu so präzisen Angaben kamen.

Mir wurde jedoch versichert, daß Sie, sollte ein Raum schlechte Dimensionen aufweisen, das Problem lösen können, indem Sie Bücherregale oder ähnliche Dinge an der Wand aufstellen und so die Dimensionen verändern.

Schräge Wände schaffen unter Umständen ein schlechtes Feng Shui, weil sie den *Ch'i*-Fluß behindern können. Die schönen Eichenbalken oder Holzsparren, die man häufig in alten Häusern findet, sollen das *Ch'i* blockieren, und man handelt sich Schwierigkeiten ein, wenn man direkt darunter in einem Sessel sitzt oder das Bett dort aufstellt. Doch können Sie dieser schädlichen

Einwirkung begegnen, wenn Sie einen Glücksbringer, etwa ein Glöckchen, daran aufhängen und so den Lebensatem vorbeileiten.

Die Chinesen haben schon immer solide Wände den dünneren Wänden vorgezogen. Der vorrangige Grund dafür ist der, daß eine massive Wand Sicherheit bedeutet und die Bergformationen der Verbindung von Azurblauem Drachen und Weißem Tiger symbolisiert. Auch wird behauptet, daß hier die frühen Tage der chinesischen Zivilisation anklingen, als viele Häuser gegen unerwartete Attacken von Feinden oder bösen Geistern befestigt werden mußten. Und vernünftigerweise glaubte man, daß dicke Mauern in solchen Fällen besseren Schutz boten und den Überfällen länger widerstanden als hohle Mauern.

Aus dem gleichen Grund wird empfohlen, ständig benutzte Sessel und Sofas mit dem Rücken an solide Wände zu stellen und nicht an Trennwände. Noch idealer ist es, wenn sie zudem von ihrer Position aus einen Ausblick aus dem Fenster und eine schöne Aussicht gewähren.

Trennwände und Stellwände spielen allerdings auch eine gewisse Rolle im Feng Shui, denn wenn sich die Zahl der Hausbewohner vermehrt oder sich deren Bedürfnisse ändern, sollten im Haus doch die notwendigen Veränderungen vorgenommen werden können. Veränderungen an der Grundstruktur eines normalen Hauses oder einer Wohnung sind vielleicht nicht möglich oder praktikabel, aber Stellwände, die sich verlagern oder Installationen, die sich abbauen und an anderer Stelle wieder aufbauen lassen, sind sehr empfehlenswert.

Das plötzliche Auftreten eines ungünstigen Elements außerhalb des Hauses – etwa ein neues Gebäude oder Masten, die zu öffentlichen Versorgungseinrichtungen gehören – können strukturelle Veränderungen im Inneren des Hauses notwendig machen. Und selbst wenn das *Ch'i* durch solche Veränderungen nicht beeinflußt wird, kann doch etwa die Geburt von Kindern gewisse Umbauten erfordern, und hier kann die Verlagerung von Stell- oder Trennwänden das Problem lösen, ohne daß das Feng Shui beeinträchtigt wird.

Die Beleuchtung und Farbgebung spielen ebefalls eine wichtige Rolle bei der Schaffung einer harmonischen Umgebung, in der sich die Menschen behaglich fühlen und entspannen können. Wenn darauf *nicht* in richtiger Weise geachtet wird, kann das die Gesundheit der Bewohner beinträchtigen, was sich wiederum ungünstig auf ihre Kreativität und ihren finanziellen Wohlstand auswirkt.

Der Feng-Shui-Lehre zufolge sollte ein Heim in gleichem Maße von Tageslicht und künstlichem Licht erhellt werden – wie es dem Gleichgewicht von *Yin* und *Yang* entspricht. Zuviel Helligkeit, die von außen hereindringt, kann ebenso schädlich sein wie zu grelles künstliches Licht.

Wird grelle Helligkeit zu einem Problem – gewöhnlich in Städten, wo sich der Himmel gegen den dunklen Hintergrund der Gebäude abhebt –, so waren Vorhänge oder Stores schon viele Jahrhunderte lang ein chinesisches Hilfsmittel, das in einem westlichen modernen Heim ebenso leicht seinen Dienst tun kann. In einigen Fällen mag sich eine Markise als noch wirksamer erweisen. Tun Sie aber nichts auf Kosten der Ventilation, denn eine gute Ventilation unterstützt auch den *Ch'i*-Fluß.

In dicht bebauten Gebieten kommt es auch im Inneren der Gebäude häufig zu einer Überbeleuchtung und damit zu einer harten Atmosphäre (*Yang*), während den Bewohnern weicheres (*Yin*) Licht besser täte. Licht und Farbe nehmen auch Einfluß auf die Wärme (*Yang*) oder Kälte (*Yin*) eines Heims.

Alle Farben werden entweder dem *Yin* oder dem *Yang* zugeordnet und unterteilen sich folgendermaßen:

YIN	YANG
Grün	Rot
Blau	Gelb
Lilablau	Lilarot
Grau	Orange

Eine Ausgewogenheit zwischen diesen Farben erreicht man dadurch, daß sie in gleicher Stärke kombiniert werden – so vermeide man also zum Beispiel die Verbindung von Feuerrot und Pastellgrün. Wenn Sie starke Farben verwenden, dann sollten Sie zudem darauf achten, daß sie keinen für die Augen unangenehmen Kontrast bilden.

Eine andere in meinem Besitz befindliche Feng-Shui-Broschüre hat einige interessante Ratschläge anzubieten, was die Farbgebung in einem Studierzimmer oder Arbeitsraum angeht, wo ja die Kreativität gesteigert werden soll. Da dies vor allem für diejenigen von Ihnen von Interesse sein mag, die zu Hause arbeiten, möchte ich sie hier wiedergeben.

Die Tabelle basiert auf dem astrologischen Geburtszeichen einer Person, und da die Chinesen einen zyklischen Jahreskalender haben, der nach zwölf Tierzeichen benannt ist, müssen Sie zunächst feststellen, unter welchem Zeichen Sie geboren sind. (Das Jahr 1993 war zum Beispiel das »Jahr des Hahns« und begann am 23. Januar.)

Zeichen	Farben
Hahn	weiß, rot und gelb
Hund	gelb, weiß und rot
Schwein	gelb, weiß und rot
Ratte	weiß, rot und grün
Ochse	gelb, weiß und rot
Tiger	gelb, weiß und rot
Hase	weiß, rot und lila
Drache	weiß, grün und rot
Schlange	weiß, grün und rot
Pferd	weiß, grün und rot
Schaf	weiß, grün und gelb
Affe	weiß, grün und gelb

Ich weiß aus eigener Erfahrung, daß sich das Feng Shui eines dunklen und trüben Heims oft ungemein verbessert, wenn es die richtige Farbgebung erhält, vor allem wenn diese mit dem Geburtszeichen des Besitzers oder Bewohners übereinstimmt. Mangelt es einer Wohnung an natürlichem Licht, dann kann die Situation durch einige strategisch gut plazierte Beleuchtungskörper – möglichst noch mit Dimmern versehen – verbessert werden. Selbst die alten Chinesen wußten das Licht in ihrer Wohnung zu regulieren, indem sie die Dochte ihrer Öllampen herauf- oder herunterschraubten.

Was nun die Dekorierung und Ausstattung der Räume angeht, so wird betont, daß die Farben den jeweiligen Anforderungen angepaßt sein sollten – geht es nun um das Arbeiten, Entspannen, Essen oder Schlafen. Wichtig ist, daß das Gefühl einer Ausgewogenheit zwischen Farben und Möbeln hergestellt wird – hier kommen wieder die Kräfte von *Yin* und *Yang* ins Spiel – und daß ein Raum niemals mit zu vielen Möbeln vollgestopft wird, weil dies den *Ch'i*-Fluß unterbricht. Je heiterer und ruhiger das Arrangement, desto wiederbelebender wird sich diese Energie auf die Bewohner auswirken.

Die von den Chinesen für ihr Heim bevorzugten Farbgebungen gehen auf die Tage des ersten kaiserlichen Haushalts zurück, wo man sich an die Feng-Shui-Prinzipien hielt. Rot war eine weitverbreitete Farbe, weil sie mit Glück und Wohlstand in Verbindung gebracht wurde. Gelb war bei den Herrscherfamilien ebenfalls populär, weil es Autorität und Fröhlichkeit symbolisierte, während Grün beim Volk beliebt war, weil es Frieden und ein langes Leben versprach. Blau symbolisierte die Segnungen des Himmels, und Weiß stand für Reinheit.

Gold war in China viele Jahrhunderte lang beliebt und wurde häufig in Verbindung mit Rot benutzt, um Glück mit Reichtum zu mischen. In der Tat raten viele Experten dazu, Zimmer mit einer ziemlich tristen Aussicht in starken Farben zu halten wie etwa in Rot und Gold; kleine, bedrückende Räume hingegen sollten am besten in hellen Pastellschattierungen gestrichen werden. Jedem schlecht aspektiertem Zimmer gereicht es zum Vorteil, wenn es eine schwarze Tür hat, so sagt man, obgleich diese nicht nach Süden weisen sollte, da Schwarz die Farbe des ungünstigen Norden ist, wie wir in Kapitel 2 sahen. Gleichermaßen schlechtes Feng Shui bedeutet es, wenn eine nach Westen gerichtete Tür oder Wand rot gestrichen wird.

Bilder können ebenfalls einem Raum wohltun, vor allem wenn sie in Paaren und in der Größe zueinander passend aufgehängt werden und pittoreske Landschaften, Pflanzen oder Tiere zeigen; auch Tapeten, Vorhänge und Teppiche tragen zum allgemeinen Ambiente bei, wenn sie Muster aufweisen, die in symbolischer Verbindung zum Beispiel mit Bäumen (langes Leben), Wolken (Segnungen des Himmels) und Wasser (Reichtum) stehen. Weitere Beispiele wie etwa Aquarien, Pflanzen und Tierplastiken werden im Zusammenhang mit den jeweiligen Räumen im folgenden Abschnitt besprochen.

Das Eßzimmer

Da das Eßzimmer ein wichtiger Bereich des Heims ist, in dem sich die Familie versammelt, oder wo diejenigen, die allein leben, ihre Freunde und Verwandten bewirten, nahm es im Leben der Chinesen immer einen besonderen Stellenwert ein. Den Feng-Shui-Regeln zufolge ist die beste Lage für diesen Raum eine der Ecken des Hauses, idealerweise auf südlicher Seite mit Fenstern, die nach Osten oder Westen blicken. Dies stimuliert das *Ch'i* ganz besonders, das sich nach Ansicht einiger Experten in manchen Heimen im Eßzimmer zentrieren kann. Falls die Fenster in ihrer Wohnung diesen Erfordernissen nicht entsprechen, und das Feng Shui des Raums durch ein Element von außen bedroht wird, können Sie zu Seite 65 zurückblättern, wo die Gegenmaßnahmen aufgeführt sind.

Der Eßtisch, das Mittelstück des Raums, sollte so aufgestellt sein, daß die Gäste um ihn herum an ihren Platz gehen können, ohne sich an anderen Möbeln zu stoßen. Der ideale Tisch ist rund, was die Segnungen des Himmels symbolisiert und dem rechteckigen oder ovalen Tisch vorzuziehen ist, da diese Formen für die Erde stehen und somit als untergeordnet betrachtet werden.

Der im Westen so beliebte rechteckige Tisch schadet dem Feng Shui nicht, solange die an ihm sitzenden Personen die von den Acht Trigrammen für die jeweiligen Familienmitglieder vorgesehenen Positionen einnehmen, welche auf Seite 59 ff. erläutert wurden. Dort besprachen wir zwar die Zuweisung der Schlafräume, aber die Ordnung am Eßtisch nimmt sich ziemlich ähnlich aus, wie folgende Graphik zeigt:

ÄLTESTE TOCHTER	MITTLERER SOHN	JÜNGSTER SOHN

S ◄— VATER   MUTTER

JÜNGSTE TOCHTER	MITTLERE TOCHTER	ÄLTESTE TOCHTER

So wie in der westlichen Welt der Aberglaube existiert, daß es Unglück bringt, wenn man dreizehn Menschen an einem Eßtisch versammelt, glauben auch die Chinesen, daß es immer eine gerade Zahl sein sollte. Stühle mit stabilen Rückenlehnen sorgen nicht nur für eine bequeme Sitzhaltung der Speisenden, sondern boten in früheren Zeiten auch Schutz gegen eine plötzliche Attacke. Stühle mit Armlehnen in der Hufeisenform der Konfiguration von Azurblauem Drachen und Weißem Tiger werden natürlich empfohlen.

Die beliebteste Farbgebung für das Eßzimmer ist entweder gelb (was für Heiterkeit steht) oder grün (Zufriedenheit), und es ist wichtig, daß der Eßtisch gleichmäßig beleuchtet wird. Spiegel an den Wänden des Eßzimmers sind gut, denn sie vermitteln das Gefühl von Großräumigkeit.

Die Küche

Sowohl die Ausrichtung des Küchenraums wie auch die Position der verschiedenen Ausrüstungsgegenstände sind wichtig, da der Feng-Shui-Lehre zufolge sich in diesem Raum das Feuer- und Wasser-Element sehr nahe kommen und so leicht den alten westlichen Spruch bestätigen könnten, wonach »sich mehr Unfälle in der Küche ereignen als irgendwo sonst.«

Angemessenerweise übersetzt sich das chinesische Schriftzeichen, das sich aus dem Feuer-Element ergibt, in Verbindung mit dem Zeichen für Wasser in das Wort für »Katastrophe.«

Wie ich schon früher erläuterte, löst bei Chinesen die Richtung des Nordens Besorgnis aus, weil dort die bösen Geister hausen sollen und zudem von dorther das schlechte Wetter kommt. Das heißt, daß eine nach Norden ausgerichtete Küche den bösen Kräften ausgesetzt ist. Als Gegenmaßnahme in dieser Situation werden hier eine kleine Mauer (*Ying Pei*) gegenüber der Hintertür oder kontrollierende Elemente auf der Fensterbank empfohlen.

Noch wichtiger aber ist die Anordnung innerhalb der Küche, die hoffentlich ohne große Schwierigkeiten oder Kosten verändert werden kann. Entscheidend ist hier, daß Sie nicht gegensätzliche Elemente symbolisierende Gegenstände nebeneinander stellen und damit das Gefahrenrisiko erhöhen.

Der Herd (FEUER) sollte idealerweise an einer nach Süden oder Osten gelegenen Wand aufgestellt werden und so weit wie möglich vom Kühlschrank und Ausguß (WASSER) entfernt stehen. Keinesfalls sollte er in einer Ecke mit schwacher Beleuchtung oder Ventilation installiert werden, denn das würde die Kräfte des *Sha* versammeln. Die ideale Position für die Spüle ist die unterhalb eines Fensters mit guter Aussicht.

Wenn es unmöglich oder unpraktisch sein sollte, Herd und Ausguß und/oder Kühlschrank nicht nebeneinander zu stellen, dann sollten sie unbedingt durch ein Regal oder einen Schrank mit Utensilien wie Porzellantellern oder Kupferpfannen voneinander getrennt werden, welche für die Gegenelemente ERDE und METALL stehen. Dies wird dann eine »Barriere« zwischen den potentiell gefährlichen Elementen bilden.

An dieser Stelle muß noch ein warnendes Wort hinsichtlich des Aufbewahrungsorts des Eßbestecks ausgesprochen werden. Der Feng-Shui-Lehre zufolge sollten Messer, Gabeln, Löffel und alle anderen Gerätschaften, die zum Essen und zur Essenszubereitung verwendet werden – und für das Metall-Element stehen – nicht in einem »toten« Bereich aufbewahrt werden, wo sich die *Sha*-Einflüsse versammeln können und die Bewohner der Gefahr aussetzen, sich ihre Gesundheit »abzuschneiden«. Alle Arbeitsflächen sollten gut beleuchtet sein, wobei Weiß, die Farbe der Reinheit, ideal für das Küchendekor ist.

Letztlich bedeutet es kein gutes Feng Shui, wenn die Küche neben der Toilette liegt, denn dadurch kann das *Ch'i* verunreinigt werden, bevor es in die Küche eintritt. Glücklicherweise scheint das in westlichen Wohnungen selten der Fall zu sein.

Das Wohnzimmer

Wie bei der Küche ist der Norden die am wenigsten günstige Richtung für ein Wohnzimmer. Die Chinesen glaubten immer, daß die westliche Richtung hier besonders attraktiv ist, da das Wohnzimmer meist am späten Nachmittag und Abend benutzt wird. Idealerweise sollte es auch die Aussicht auf einen Garten oder eine andere ansprechende Szenerie bieten. Können diese Bedingungen nicht erfüllt werden oder drohen feindliche Elemente von außen, dann sollten Sie wieder auf Seite 65 nachschlagen, um zu entscheiden, welche kontrollierenden Elemente hier zur Verbesserung des Feng Shui eingesetzt werden können.

Eine gute Lage für das Wohnzimmer in einem einstöckigem Gebäude, in einer größeren oder kleineren Wohnung ist die neben dem Schlafzimmer – was dem *Ch'i* durch beide Räume zu fließen erlaubt –, wohingegen in einer zweistöckigen Wohnung das Wohnzimmer direkt unter dem Schlafzimmer angesiedelt sein sollte, da so der »Lebensatem«, nachdem er erst oben zirkuliert hat, auch hier durchfließen kann.

Weiterhin ist die Raumform wichtig, wenn wir bedenken, wie sich die Einflüsse des *Ch'i* und *Sha* durch ein Haus bewegen, und daß die Menschen einen beträchtlichen Teil des Tages im Wohnzimmer verbringen. Eine quadratische, rechteckige und allgemein ansprechende Form läßt das *Ch'i* leicht fließen, während unregelmäßige Formen den gegenteiligen Effekt haben. Von allen Formen gilt das Quadrat als das günstigste, da es die Sicherheit der Erde symbolisiert.

Sollte die Form des Wohnzimmers keine Atmosphäre des häuslichen Friedens und der Zufriedenheit erzeugen, dann kann ein gutes Feng Shui durch eine Unterteilung erreicht werden, die den beinträchtigenden Bereich abtrennt und so eine regelmäßige Form herstellt. Ein Wandschirm mit einem Drachenmuster, wie es hier abgebildet ist, soll besonders wirksam sein.

Auch der Decke des Wohnzimmers sollte Beachtung geschenkt werden. Eine schräge Decke verhindert den ungehinderten Ch'i-Fluß, und sichtbare Balken werden als unheilvoll betrachtet. Wenn an der Decke keine Veränderungen vorgenommen und die Balken nicht verdeckt werden können, dann sollten Talismane in Form von Glöckchen oder ein Symbol der Acht Trigramme aufgehängt werden, um der Entwicklung von Sha entgegenzuwirken.

Auf die Anordnung der Möbel sollte ebenfalls Sorgfalt verwendet werden. Den Regeln des Feng Shui zufolge sollte kein Stuhl oder Sessel mit dem Rücken zu einer Tür oder einem Fenster stehen, sie können aber im rechten Winkel dazu aufgestellt werden. Einem auf frühere Zeiten zurückgehenden chinesischem Glauben zufolge sollte vor allem der Sitz, den der Haushaltsvorstand einnimmt, nicht mit dem Rücken zu einer Tür oder einem Fenster stehen, weil das den Feinden erlaubt, sich ungesehen an diese Person heranzuschleichen. Heute kann man sagen, daß dies wahrscheinlicher zu Rheumatismus oder einer Erkältung führen würde! Wenn möglich sollte dieser Sitz in die bevorzugte Richtung des Südens blicken – aber dennoch nie direkt auf ein Fenster gerichtet sein, weil sich die grelle Helligkeit – Sha – nachteilig auf die betreffende Person auswirken könnte. Aus den gleichen Gründen sollte ein Fernseher niemals vor einem Fenster aufgestellt werden – es ist schlecht für die Augen.

Liegt das Wohnzimmer günstigerweise neben dem Schlafzimmer, dann sollten Sie das Feng Shui nicht dadurch ruinieren, daß Sie die Sessel oder Stühle in Form einer Pfeilspitze arrangieren, die in Richtung Schlafzimmer weist. Symbolisch gesehen bedeutet dies eine Bedrohung für die Personen, die in dem Schlafzimmer schlafen – und das umso mehr, wenn das Fußende des Bettes der Tür gegenüber liegt. Die Wohnung einer Bekannten von mir in Manchester, die schlecht schlief und eine Pechsträhne in ihrem Leben hatte, beherbergte der Diagnose nach *Sha,* weil das Schlafzimmer und angrenzende Wohnzimmer genau diese Formation aufwies. Das Gleichgewicht wurde wiederhergestellt, in dem die Möbel wie auf der nächsten Seite gezeigt umgestellt wurden.

Die Zahl der Stühle und Sessel in einem Wohnzimmer sollte immer gerade sein, und die Chinesen glaubten schon seit Jahrhunderten, daß sie am besten eine Schildkrötenform aufweisen sollten, da dies ein langes Leben symbolisiert.

Die Farbgebung im Wohnzimmer kann nach Geschmack und Temperament variieren. Der Feng-Shui-Lehre zufolge sind Gelb oder Weiß hier am geeignetsten, weil diese Farben gemäß der alten chinesischen herrscherlichen Haushalte Autorität und Reinheit symbolisieren. Blau steht für Segnungen des Himmels, Grün für Langlebigkeit und Rot für Freude, Ruhm und Glück. Spiegel sind ausgezeichnet, um das *Sha* auf sich selbst zurückzulenken, sollte das notwendig sein, während Landschaftsgemälde, die den Ausgleich von *Yin* und *Yang* am Beispiel von einem harmonischem Zusammenspiel von Wasser und Felsen darstellen, auch äußerst geeignet sind. Die Chinesen hängen Bilder und Ornamente oft paarweise an die Wand, um der zentralen Bedeutung von *Yin* und *Yang* Nachdruck zu verleihen und auch um einem noch älteren Glauben Ausdruck zu geben, dem zufolge das Glück zu zweit kommt.

Ein Aquarium im Wohnzimmer symbolisiert ebenfalls Glück. Der Feng-Shui-Lehre zufolge sind Goldfische besonders glückverheißende Geschöpfe, die die Bewohner vor den schlechten Einflüsse des *Sha* bewahren können. Darstellungen von Goldfischen galten in China auch viele Jahrhunderte lang als Symbol für Erfolg.

Obgleich viele von uns im Westen gartenfrisch geschnittene Blumen im Wohnzimmer lieben, sind der Feng-Shui-Lehre zufolge Pflanzen wie der

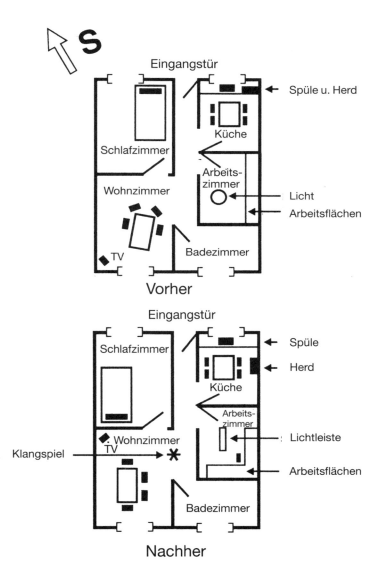

Wie Sie das Feng Shui eines typischen kleinen Apartments durch die Umstellung der Möbel und durch Einbauten verbessern können.

Kaktus oder Bambus, die unter härtesten Bedingungen wachsen und lange leben, bessere Glücksbringer als Blüten, die unweigerlich schon bald verwelken. Ornamentale Muster an Tapeten, auf Teppichen, an Vorhängen und auf Möbelpolstern, denen Flora und Fauna zugrundeliegen, sollen sich wegen ihrer spezifischen Bedeutung ebenfalls wesentlich auf das Feng Shui eines Raums auswirken. Deshalb folgt hier eine Aufzählung der populärsten chinesischen Muster und ihrer glückverheißenden Bedeutung.

Feng-Shui-Motive und ihre Symbolik

Akazie	Dauerhaftigkeit
Alter Mann	Langlebigkeit
Bambus	Langes Leben und Glück
Berge	Stärke und Ausdauer
Birne	Langes Leben
Blumen	Reichtum
Chimäre (Qi Lin)	Stärke und Würde
Chrysantheme	Ausdauer und langes Leben
Drache	Stärke und Autorität
Einhorn	Macht und hohe Stellung
Elefant	Stärke und Weisheit
Felsen	Ausdauer
Fisch	Erfolg und Fülle
Fledermaus	Glück
Früchte	Glück
Granatapfel	Fruchtbarkeit
Goldgegenstände	Reichtum
Haus	Einheit und Glück
Himmel	Segnungen des Himmels
Hirsch	Glück und Reichtum
Jasmin	Freundschaft
Kiefer	Langlebigkeit
Kraniche	Loyalität und langes Leben
Lotus	Ausdauer
Löwe	Stärke und Majestät
Münzen	Wohlergehen
Orange	Reichtum
Orchidee	Geduld

Pferd	Ausdauer
Pfirsich	Freundschaft
Pflaumenbaum	Schönheit und Jugend
Phönix	Anmut und Weisheit
Rose	Schönheit
Schildkröte	Langlebigkeit
Sonne	Gesundheit und Glück
Tiger	Stärke und Vitalität
Vase	Friede
Vögel	Glück
Wasser	Reichtum und Segnungen des Himmels
Weide	Anmut
Wolken	Segnungen des Himmels

Das Arbeitszimmer

Bei den alten typischen chinesischen Wohnstätten handelte es sich im allgemeinen um ein- oder zweistöckige Gebäude, die sich um einen Innenhof herum gruppierten. Jeder Raum, der an eine solche offene Fläche angrenzt, ist als Arbeitszimmer geeignet. Er muß nicht unbedingt nach Süden ausgerichtet sein, sollte aber idealerweise ein Fenster zur linken Seite aufweisen, das einen erfreulichen Ausblick bietet und zu einer guten Ventilation beiträgt. Gibt es kein solches Fenster zur linken Seite, dann kann ein Spiegel an der Wand aufgehängt werden, der den Ausblick aus einem Fenster reflektiert und damit dem Feng Shui des Raums genügt. Sie müssen natürlich darauf achten, daß der Spiegel den Kode der Fünf Elemente nicht verletzt und einen unglückverheißenden Faktor von außen in den Raum hineinträgt.

Rot ist eine beliebte Farbe für das Arbeitszimer, weil es mit Glück und Ruhm in Verbindung gebracht wird. Die Beleuchtung ist ganz besonders wichtig, weil sie sehr gezielt eingesetzt werden muß und keinen das *Sha* anziehenden grellen Glanz verursachen darf. (In diesem Kontext werden *Spotlights* als gutes Feng Shui betrachtet.)

Jeder Arbeitsraum braucht seinen Arbeitstisch, und dieser sollte rechteckig sein und gegen eine solide Außenwand gestellt werden. Chinesische Schriftsteller stellen gewöhnlich eine kleine symbolträchtige Schnitzerei auf ihren

Arbeitstisch, Darstellungen von Drachen, die für Stärke stehen, oder einer Schildkröte, die für ihre Langlebigkeit berühmt ist. Diese wie auch andere Darstellungen, etwa von Löwen, Tigern und Elefanten, bieten einen exzellenten Schutz vor dem *Sha*.

Den Büchern, Dokumenten und anderen Materialien, die sich gewöhnlich in einem Arbeitszimmer befinden, muß eine Menge Platz eingeräumt werden – aber den Feng-Shui-Regeln zufolge sollte es einen kleinen nicht vollgestopften Bereich geben, wohin sich der Bewohner oder die Bewohnerin von der Arbeit zurückziehen und sich Zeit für stille Kontemplation nehmen kann. Die Chinesen nennen diesen Platz *Ming Tan'g*, der an zentraler Stelle einen einzigen Stuhl mit hoher Rückenlehne aufweist, der der Bequemlichkeit dient und den Rücken gegen »böse Geister« schützt. Dahinter sollte ein Bild oder ein Talisman hängen, das oder der Wasser repräsentiert und damit den Fluß der kreativen Inspiration garantiert.

Das Badezimmer

Da der Feng-Shui-Lehre zufolge die Nordseite eines Hauses diejenige ist, die eine Affinität zum Wasser aufweist, sollte sich das Badezimmer vorzugsweise dort befinden. Wichtig ist auch, daß es nicht an den Haupteingang des Hauses oder an die Küche angrenzt, weil es so das *Ch'i* verschmutzen kann, noch bevor es mit seinem Kreislauf durch das Gebäude beginnt.

Findet sich die Toilette aber tatsächlich an einem dieser beiden Orte, dann muß eine effektive »Barriere« errichtet werden. Da das Badezimmer durch das Wasser-Element repräsentiert wird, das seinerseits vom Erd-Element kontrolliert wird, sind Keramikkacheln an den dazwischenliegenden Wänden dem Feng Shui dienlich. Und die Tatsache, daß sich solche Kacheln häufig in westlichen Küchen und Badezimmer finden, gilt als weiteres Beispiel für unsere unbewußte Anwendung der Prinzipien dieser alten Kunst.

Eine separate Toilette gilt als günstiger als eine im Badezimmer, doch sollte sie möglichst so stehen, daß das Schmutzwasser rasch abfließen kann. Um sicher zu sein, daß keine *Sha*-Einwirkungen vom Abfluß ausgehen, sollte dieser idealerweise hinter Backsteinen oder Kacheln verdeckt sein.

Obwohl im Westen mit dem Schlafzimmer verbundene Badezimmer populär sind, ist dies der Feng-Shui-Lehre zufolge dem Glück eines Hauses nicht förderlich. Der Grund dafür ist nach Aussage der *xiansheng* der, daß das verunreinigte *Ch'i* rasch ersetzt werden muß, bevor es zu *Sha* wird, und der allerletzte Ort, wo man es hingetrieben haben möchte, ist das Schlafzimmer, wo ein reiner und sanfter Fluß des »Lebensatems« ganz wesentlich ist. In Singapur, wo viele Hotelzimmer ein solches Badezimmer aufweisen, sah ich, daß, um den Feng-Shui-Prinzipien zu entsprechen, Vorhänge aus Tonperlen aufgehängt waren, die die Räume voneinander trennen und dem *Sha* Einhalt gebieten.

Blau, das die Segnungen des Himmels symbolisiert, ist die bei weitem bevorzugteste Farbe für das Badezimmer. Ein gutes *Ch'i* kann jedoch auch erreicht werden, wenn Sie das Badezimmer mit Bildern von hohen Bergen und sanft dahinfließenden Flüssen verschönern. Als Beispiel mag das hier abgedruckte Bild von einer Brücke über dem Papien-Fluß in China dienen, das sich in vielen Hongkonger Wohnungen findet.

Das Schlafzimmer

Schätzungsweise verbringen wir mindestens ein Drittel unseres Lebens im Bett, was dazu geführt hat, daß die Feng-Shui-Anhänger diesem Raum ganz besondere Aufmerksamkeit widmen. Natürlich kommt dem Bett selbst eine entscheidende Bedeutung zu, und die Position, die es richtungsmäßig im Raum einnimmt, spielt eine wichtige Rolle, damit das *Ch'i* bestmöglich genutzt und ein erholsamer und revitalsierender Schlaf ermöglicht werden kann.

Die alten Weisen, die die Feng Shui-Prinzipien entwarfen, studierten den Himmel und kamen zum Schluß, daß es die Bewegung der Planeten war, die jeden Aspekt eines Menschenlebens beherrscht. In diesem Zusammenhang gelangten sie auch zu vier Grundfolgerungen hinsichtlich der Lage der Schlafstätte innerhalb eines Heims.

Ihrem Gefühl nach war ein direkt nach Norden ausgerichtetes Schlafzimmer am wenigsten günstig, weil es nichts vom Yang-Einfluß der Sonne abbekam, wohingegen ein nach Süden gelegenes Schlafzimmer den Nachteil hatte, daß der *Ch'i*Einfluß der Sonne nicht optimal genutzt werden konnte, da der Raum normalerweise untertags nicht bewohnt wird. So kamen sie überein, daß ein nach Westen gelegenes Schlafzimmer für Erwachsene und ältere Leute wahrscheinlich geeigneter war, da es den milderen Strahlen der untergehenden Sonne ausgesetzt ist, während ein nach Osten gelegenes Schlafzimmer, in das die kräftigenden Strahlen der aufgehenden Sonne dringen, der jüngeren Generation am dienlichsten ist.

Nachdem sie diese Grundprinzipien aufgestellt hatten, glaubten die *xiansheng*, noch mehr ins Detail gehen zu müssen, und wandten sich nun den zwölf Kompaßrichtungen zu. Jede dieser zwölf Richtungen stand in besonderer Beziehung mit jeweils einem der zwölf Jahre des chinesischen Kalenders. Und so wie das Horoskop das Leben eines Menschen im Wachzustand beinflussen kann, ist die Zeit, in der er schläft, ebenfalls dem Einfluß einer der zwölf verschiedenen Richtungen unterworfen – die wiederum vom Geburtsjahr der betreffenden Person abhängt. Sie stellten also Berechnungen an und entwarfen eine Tabelle, anhand der die geeignetste Richtung für das Bett *einer jeden* Person je nach ihrem Geburtszeichen abzulesen war.

Sie brauchen nun der folgenden Tabelle nur noch die Ihrem Geburtszeichen entsprechende Richtung zu entnehmen und dann den *Lo P'an* oder einen normalen Kompaß zu Rate zu ziehen, um Ihr Bett in der richtigen Richtung aufstellen zu können. (Ihr Geburtszeichen haben Sie sicherlich schon im Rahmen meiner Besprechung der Räume eines Hauses auf Seite 78 herausgefunden.)

Symbol	Richtung
Hahn	Westen
Hund	Westnordwest
Schwein	Nordnordwest
Ratte	Norden
Ochse	Nordnordost
Tiger	Ostnordost
Hase	Osten
Drache	Ostsüdost
Schlange	Südsüdost
Pferd	Süden
Schaf	Südsüdwest
Affe	Westsüdwest

Falls Sie Ihr Bett nicht präzise in der angegebenen Richtung aufstellen können, dann sind der Feng Shui-Lehre zufolge Abweichungen bis zu zwei Grad nach beiden Seiten hin erlaubt. Wenn zum Beispiel Ihr Geburtszeichen der Hahn und demzufolge Ihre Richtung der Westen ist, dann kann das Kopfende Ihres Bettes in irgendeine der Richtungen zwischen Südsüdwest und Nordnordwest weisen. Mag sich dieses ganze Konzept für westliche Leser auch etwas merkwürdig anhören, so müssen wir doch bedenken, daß nach den Prinzipien des Feng Shui der Schutz eines Bettes – oder einer Tür oder einer Wand – vor den »geheimen Pfeilen« des *Sha* wichtiger ist als das ästhetische Erscheinungsbild. So muß ein Bett auch nicht im rechten Winkel zur Wand stehen, falls dies eine Beeinträchtigung des *Ch'i* bedeuten sollte. Ist es Ihnen dennoch nicht möglich, diese Richtlinien zu befolgen, dann sollten Sie ernsthaft daran denken, sich einen anderen Ort für Ihre Schlafstätte zu suchen oder einen Raum als Schlafzimmer auszuwählen, in dem die Voraussetzungen günstiger sind.

Es wird auch geraten, das Bett keinesfalls direkt gegenüber einem Fenster aufzustellen, da es dann grellem Licht ausgesetzt ist, was natürlich schlechtes

Sha bedeutet und das Schlafen erschwert. Die Position direkt unter einem Balken oder einer schrägen Decke macht es ebenfalls für die Einflüsse des *Sha* verletzlich. Eine gute Position für das Bett ist die an einer soliden Wand, was für die alten Chinesen den gleichen Schutz für den Schlafenden bedeutete wie ein Berg Schutz für das Haus.

Obwohl Spiegel in den meisten westlichen Schlafzimmern zum wesentlichen Bestand der Einrichtung gehören, sollten es nach der Feng Shui-Lehre nicht mehr als zwei sein, weil sonst eine Überfülle an *Ch'i* erzeugt wird. Auch sollte kein Spiegel so angebracht sein, daß er direkt auf das Fußende eines Bettes gerichtet ist. Die Chinesen glauben nämlich, daß die menschliche Seele den Körper, wenn er schläft, verlassen kann, und sollte sie sich dann im Spiegel selbst erblicken, könnte das einen Schock auslösen.

Ein Toilettentisch mit einem Spiegel sollte nicht gegenüber einem Fenster aufgestellt werden, weil dann das schädliche *Sha* im ganzen Zimmer reflektiert wird. Ein Spiegel an der Decke hingegen stimuliert nach allgemeiner Übereinkunft den *Ch'i*-Fluß!

Eine andere Feng-Shui-Regel besagt, daß das Fußende eines Bettes niemals direkt zur Schlafzimmertür weisen sollte. Das läßt sich daraus erklären, daß in China die Körper der im Bett Verstorbenen immer mit den Füßen voran aus dem Zimmer getragen und dann in der Leichenhalle so aufgebahrt werden, daß die Füße in Richtung Tür zeigen. Daher gilt es als schlechtes Omen, wenn man in einem auf die Tür ausgerichteten Bett schläft.

Schließlich ist es besser, wenn sich das Schlafzimmer in der oberen Etage eines Hauses oder einer Wohnung befindet, aber im Falle von kleinen Apartments sollte die Schlafstätte an den zentralen Wohnbereich angrenzen.

Die Garage

Obgleich das chinesische Heim in der Vergangenheit ganz offensichtlich keine Garage aufwies, war eine Werkstatt keineswegs ungewöhnlich, und so übertragen die heutigen Geomanten die darauf anwendbaren alten Prinzipien auf ihr modernes Gegenstück. Tatsache ist, daß sich viele Gefahren, die in der Küche lauern, auch in der Garage finden. Hier ist vor allem die ganze Batterie scharfer und spitzer Gegenstände zu nennen, vom mechanischen Werkzeug bis hin zu den Gartengeräten, und dann das Nebeneinander von Feuer- und

Wasser-Element in Dingen wie Heizungsboiler und Tiefkühltruhe. Von daher gelten die Regeln in bezug auf die Aufstellung solcher gegensätzlichen Gegenstände, die ich im Zusammenhang mit der Küche skizzierte, in gleichem Maße für die Garage und/oder die Werkstatt.

Merkwürdigerweise ist aber die ideale Richtung für die Garage der Norden, weil sie nicht bewohnt wird und deshalb kein Sonnenlicht braucht. Ein Geomant nannte mir noch einen anderen Grund: Der Norden wird durch das zu den Acht Trigrammen gehörende Symbol *K'an* repräsentiert, das wiederum die Kreisbewegung symbolisiert – eine Bewegung, die auch viele der in einer Garage befindlichen, mit einem Motor versehenen Gerätschaften auszeichnet. Ein anderer chinesischer Experte hatte eine noch weitaus einfachere Erklärung parat: Die Achse der Erdrotation befindet sich am Nordpol.

Sind unter dem Garagendach Balken zu finden, dann sollen der Feng-Shui-Lehre zufolge Arbeitsflächen oder Werkbänke parallel und nicht quer dazu aufgestellt werden. In ihrer Form sollte eine Werkstatt oder Garage idealerweise quadratisch sein (weil dies die Erde symbolisiert), und die Tür sollte sich nach innen öffnen, damit das *Ch'i* einfließen kann.

風 水
5. Harmonie im Garten

Viele Jahrhunderte lang spielte der Garten eine sehr bedeutsame Rolle im Feng Shui chinesischer Heime. Wie wir bereits wissen, hatten die frühen Vertreter dieser Kunst herausgefunden, daß den für ein Haus bedrohlichen Elementen unter anderem dadurch begegnet werden konnte, daß man ganz in der Nähe ein »schützendes« Element etwa in Form von Bäumen, einer Hecke oder auch einer kleinen Mauer einbaute. Mit der Zeit hatten sie auch entdeckt, daß das *Ch'i* – »das Lebensblut der lebendigen Erde«, wie es zuweilen auch genannt wurde – vermehrt werden konnte, wenn sie in ihren Gärten eine Vielfalt charakteristischer Merkmale wie Pfade, Gesteinsformationen, Teiche, kleinen Pavillons und auch Pflanzen und Blumen von besonderer symbolischer Bedeutung einführten.

Tatsächlich unterscheidet sich das von den *xiansheng* erkannte Prinzip – wonach sich das Wohlbefinden einer Person auf dramatische Weise verbessern läßt, wenn man in einem Raum gegebenenfalls Veränderungen vornimmt und etwa die Farbgebung wechselt, einige Möbel umstellt oder einen Spiegel oder einen Glücksbringer aufhängt – nur wenig von dem, das Gärtner anwenden, wenn sie eine Pflanze für ihr Wachstum an einen Ort umsetzen, wo sie je nachdem etwas mehr oder weniger Sonnenlicht erhält. Der Standort und die richtige Richtung sind überaus wichtig, und die alten Weisen waren sich darin einig, daß das *Ch'i* eines Gartens ebenso wirksam zum Einsatz gebracht werden konnte wie in einem Haus, wenn man die allgemein gültigen Feng-Shui-Regeln in bezug auf Gleichgewicht und Harmonie anwandte.

Gemäß eines der ältesten chinesischen Gartenhandbücher, dem *Yuan Ze*, läßt sich ein perfekter Garten dadurch erschaffen, daß man grobe und glatte Strukturen in Kontrast zueinander bringt – also zum Beispiel einen unbeweglichen Fels durch fließendes Wasser ausbalanciert. Von daher ist die beste Lage eines Gartens die am Rande eines Sees mit Blick auf Berge.

Heute können wir diese Prinzipien in den vielen schönen Zen-Gärten in Ländern wie China, Japan, Hongkong und Singapur angewandt sehen. Doch lassen sie sich auch in westlichen Gärten zum Einsatz bringen – sogar auch auf einer kleinen Dachterrasse, in einem kleinen Innenhof oder in einem Wintergarten. So kann jeder Garten eine wichtige Rolle bei der Dirigierung des »Lebensatems« in ein Haus und der Abwendung des *Sha* spielen.

In einem nach Feng-Shui-Prinzipien gestalteten Garten spielt, ebenso wie in einem Haus, die Interaktion der Fünf Elemente eine zentrale Rolle für das Gleichgewicht und die Harmonie, vor allem wenn es äußere Einflüsse gibt, die das *Ch'i* bedrohen. Um ihnen zu begegnen, müssen Sie die Ausrichtung des Gartens feststellen und dann ein kontrollierendes Element einführen. Rufen wir uns zunächst noch einmal die Richtungen ins Gedächtnis, die sich mit jedem der Fünf Elemente verbinden:

HOLZ: Nordosten, Südwesten
FEUER: Osten
ERDE: Norden, Nordwesten
METALL: Süden, Südosten
WASSER: Westen

Nun sollten wir uns noch einmal die jeweils angemessenen kontrollierenden Elemente für bedrohliche Dinge ansehen:

Ausrichtung des Gartens

Bedrohendes Element	Entgegenwirkendes Element
FEUER	WASSER
(Spiralen, Türme)	(Teich, Springbrunnen)
HOLZ	METALL
(Pfähle, Bäume)	(Skulpturen, Rahmen)
ERDE	HOLZ
(Hügel, Hütten)	(Pflanzen, Sommerhaus)
METALL	FEUER
(Eisenkonstruktionen)	(rote Blumen)
WASSER	ERDE
(Drähte, Masten)	(Gartenzierat)

Ein Garten nach Feng-Shui-Prinzipien – Druck aus dem Yuan Ze Gartenhandbuch

Nachdem wir mit diesen Informationen gewappnet sind und auch die Richtungslage unseres Gartens und das damit verbundene Element erkundet haben, können wir nun jeglichem bedrohlichen Element von außen wirksam begegnen. Hier ein Beispiel zur Verdeutlichung dessen, was ich meine: Wenn ein dem METALL zugeordnetes Merkmal einen Garten überschattet, der von seiner Ausrichtung her mit dem HOLZ verbunden ist, dann besteht die Gefahr des »Verrottens«, und um ihr zu begegnen muß das WASSER-Element eingeführt werden. In die Alltagssprache übersetzt heißt das: Steht ein Laternenpfahl oder Elektrizitätsmast (METALL) vor einem nach Nordosten weisenden Garten, dann kann das das Wachstum der Pflanzen beeinträchtigen, und es sollten Gegenmaßnahmen ergriffen werden, indem man einen kleinen Zierteich (WASSER) anlegt oder rote Blumen (FEUER) pflanzt.

Natürlich kann es auch passieren, daß solche Pfähle oder Masten vor einem nach Süden oder Südosten gelegenen Garten stehen, aber da wir es in diesem Fall mit den gleichen und nicht mit kollidierenden Elementen zu tun haben, sind auch keine Gegenmaßnahmen erforderlich. Nur wenn sich der Laternenpfahl auf einer Linie mit der Gartentür und der Haustür befindet, wäre – wie ich in Kapitel 2 erwähnte – eine kleine Biegung des Gartenwegs nötig, damit das *Ch'i* in Haus und Garten ungehindert fließen kann.

Aus historischen Quellen wissen wir, daß die chinesischen Gärten schon mindestens seit eintausend Jahren vor Christi Geburt nach Feng-Shui-Prinzipien angelegt wurden. Sie sollten einfach das *Yin* und *Yang* einer Wohnstätte und der sie umgebenden Landschaft ausbalancieren, indem das, was die menschliche Hand und was die Natur geschaffen hatte, miteinander in Einklang gebracht wurde. Nur so, so glaubte man, konnten die Eigentümer eines Gartens in Harmonie mit dem Kosmos, der Natur und der von Menschen gestalteten Umgebung leben.

Es ist durchaus wahrscheinlich, daß die ersten westlichen Besucher Chinas durch den Anblick anmutiger Pagoden zu ihren ersten frühen Einsichten in die Feng-Shui-Praxis gelangten. Diese Pagoden standen damals überall in der Landschaft – manche auf großen Anwesen, andere in den Gärten von Beamten und wiederum andere auf gemeinschaftlichem Grund und Boden am Rande der Dörfer. Manche Pagoden waren turmhoch aufragende Bauten, andere nur wenig höher als ein durchschnittlich großer Mensch.

Zwei Arten von Pagoden nach Feng-Shui-Prinzipien, Zeichnung aus dem Jahr 1896

Diese elegant aussehenden Schöpfungen mit ihrer unterschiedlichen Anzahl von Stockwerken und ihren spitzen Dachkonstruktionen standen für das Auge der Fremden in starkem Kontrast zu der »Armseligkeit«, die nach deren Anschauung mehr oder minder den Rest der chinesischen Architektur auszeichnete. Die entweder an Abhängen oder an Wasserläufen errichteten größeren Pagoden erinnerten sicherlich so manche Besucher an ihre heimatlichen Kirchtürme und veranlaßten einen Missionar, den Reverend M. Yates, seinen chinesischen Übersetzer zu fragen, ob es sich hier um Tempel oder religiöse Bauten handle. Später schrieb er im *The Chinese Recorder and Missionary Journal* von 1868:

»In der Provinz Kanton stießen wir auf eine dieser im Nordosten eines Dorfes stehenden Pagoden, fünf Stockwerke hoch, die aus gewisser Entfernung genauso aussah wie diese üblichen Ziegelbauten, mit denen das Land übersät ist. Aber diese war, wie sich aus der Nähe betrachtet zeigte, aus Holz erbaut. Eine noch genauere Untersuchung ließ erkennen, daß sie nur aus dünnen, leichten Brettern errichtet worden war, welche an einem Gerüst so befestigt waren, daß das ganze Ding wieder problemlos abgebaut und entfernt werden konnte.

Mein Übersetzer erklärte, daß die Pagode von den Dorfbewohnern errichtet worden war, die auf diese Weise ihr Feng Shui zu verbessern hofften. Wenn ihre Ernte in den folgenden Jahren gut war, wenn nicht Seuchen über sie hereinbrachen, und wenn die Menschen vor allem in Harmonie und Wohlstand lebten, dann würde dieses Feng Shui-Experiment als Erfolg bezeichnet werden.«

Obwohl so hohe, kunstvoll erbaute Pagoden wie jene, die Reverend Yates erwähnte, heutzutage ein seltener Anblick in China sind, gehört nun in vielen ländlichen Gegenden eine sehr viel kleinere Variation zur Standardgartenzier. Diese kleinen Pagoden aus Porzellan stehen gewöhnlich am Fuße einer Gesteinsformation, die in Miniaturform die schützende Verbindung von Azurblauem Drachen und Weißem Tiger darstellen soll. Meist blicken sie in die empfohlene südwestliche Richtung, aber manche Chinesen ziehen auch die nordöstliche Richtung vor.

Sehr viel verbreiteter als diese Pagoden ist jedoch die Anpflanzung einer Reihe von Bäumen oder die Errichtung von Mauern, um einem Haus den Schutz dieser traditionellen Bergformation zu gewähren. Beides findet sich vor allem in flachen Landstrichen, obgleich diese Maßnahmen auch in Gegenden wichtig sein können, wo ein einsamer Hügel oder kleiner Berg ein für die Wohnstätte bedrohliches Element darstellt.

Nach der Feng-Shui-Lehre sollten aus diesem Grund gepflanzte Bäume immergrüne und fruchtbare Bäume sein – wobei die Eibe hier als besonders geeignet gilt. Wichtig ist auch, daß sie natürlich wachsen dürfen und nicht ständig zurückgeschnitten oder getrimmt werden. Sie müssen sich immer an der Rückseite eines Hauses befinden, denn eine Baumgruppe vor dem Haus würde sicherlich das Einfließen des *Ch'i* behindern. Wenn allerdings ein einzelner Baum als kontrollierendes Element vor dem Haus gepflanzt werden muß, dann gilt hier die Kiefer als äußerst geeignet. Kiefern – wie auch Weiden und Zypressen – symbolisieren für die Chinesen Langlebigkeit, und alle drei Baumarten sollen, so glaubt man, einem Garten Glück verheißen.

Mauern, die dem gleichen Ziel der Abschirmung dienen, sind am wirksamsten, wenn sie gerundete Ecken haben, denn das befördert nicht nur den *Ch'i*-Fluß, sondern zieht auch Reichtum an. Eine Mauer mit quadratischen Öffnungen (symbolisieren die Erde) und runden Öffnungen (symbolisieren den Himmel) helfen der Ausbalancierung von *Yin* und *Yang* in der ganzen Gegend. Wichtig ist auch, daß eine solche Mauer die richtigen Proportionen in bezug auf die Dimensionen des Hauses, das sie umschließt, aufweist, wobei sie idealerweise nicht höher als die Fenstersimse der Fenster im Erdgeschoß – etwa Hüfthöhe – sein sollte, es sei denn, diese sind außerordentlich niedrig.

Gärten in westlichen Ländern haben gemeinhin eine quadratische oder rechteckige Form. Hier kann der *Ch'i*-Fluß befördert werden, wenn man sie mit Merkmalen ausstattet, die ein Gefühl von Ausgewogenheit und Kontinuität vermitteln. So können etwa Mäuerchen errichtet werden, die sich mit Felsbrocken, Bäumen und Pflanzen verbinden, und es können auch verschlungene Wege angelegt werden.

Zickzackmuster, die die Form von Bergen und natürlicher Flußläufe widerspiegeln, gelten ebenfalls als wesentliche Bestandteile eines guten Garten-Feng-Shuis. Ein gerade verlaufender Weg durch den Garten zerstreut das *Ch'i* zu rasch und sollte durch einen sich dahinschlängelnden Pfad ersetzt werden. Auch eine gerade Baumreihe, die zu beiden Seiten eine Auffahrt säumt, ist ungünstig, doch statt die Bäume zu fällen, können Sie zur Behebung des Problems die Baumreihen in einer runden Biegung auslaufen lassen.

Die frühen Verfechter des Feng Shui, die sich besonders für den Garten interessierten, stellten eine Anzahl von Regeln hinsichtlich seiner Hauptmerkmale und deren Lage auf. Sie benutzten dafür einen *Lo P'an*, aber Sie können auch einen normalen Kompaß verwenden:

WEGE: Die Hauptwege werden am besten im westlichen Teil des Gartens angelegt.

BÄUME: Sie sollten im östlichen und südöstlichen Bereich gepflanzt werden, es sei denn, man braucht sie zur Abschirmung.

BACH: Ein Bach sollte in östlicher Richtung verlaufen, um den *Ch'i*-Fluß zu unterstützen.

TEICH: Jeder von Menschenhand geschaffene Teich oder Wasserlauf wird am besten im südlichen oder östlichen Bereich angelegt.

STEINGARTEN: Idealerweise befindet er sich an der nördlichen Seite eines Teichs und weist auch einen kleinen Wasserfall auf.

WERKSTATT oder GARAGE: Der Norden oder Nordosten sind die bevorzugten Lagen, doch niemals der Süden.

Jedem dieser Merkmale kommt, wenn richtig situiert, eine symbolische Bedeutung zu:

– Verschlungene, sich dahinschlängelnde Wege symbolisieren langes Leben.
– Bäume stehen für Stärke und Schutz.
– Bäche symbolisieren Reichtum.
– Teiche, vor allem wenn in ihnen Fische schwimmen, stehen für Erfolg und Integrität.
– Steingärten gelten wegen der Formen, die man ihnen geben kann, und der Elemente, die sie enthalten können, als Symbol für Kontinuität.

Im idealen Feng-Shui-Garten sollten Steingarten und Teich eng beieinanderliegen. Gemäß den Lehren dieser alten Kunst steht der Steingarten für Hügel, die die Quelle des Lebens sind, weil sie die Menschen mit Wasser versorgen. Daher wird der Steingarten dem *Yang* zugeordnet. Der Teich, Wasser, ist *Yin* und stellt somit die notwendige Harmonie her. Wenn kein Steingarten vorhanden ist, dann sollte in der Mitte des Teichs eine kleine Insel angelegt werden, auf der ein passendes *Yang*-Element in Form eines Miniaturtürmchens oder -pavillons steht.

Es muß auch unbedingt daran gedacht werden, daß jeder von Menschenhand geschaffene Teich eine natürliche und nicht etwa eine quadratische oder rechteckige Form aufweisen sollte. Die Umrandung soll abfallend und mit den passenden Blumen bepflanzt sein, wobei die Wasserlilie hier als ein Symbol für Rechtschaffenheit und als Glücksbote betrachtet wird. Jede Brücke, die einen Teich oder Bach überspannt, sollte Stufen haben und wenn möglich gewunden sein, um nicht schlechtes *Sha* herbeizuführen. Ein Teich, der eine ganze Schar gedeihender Goldfische beherbergt, bringt dem ganzen Garten Glück, wie man sagt.

Es bedeutet kein gutes Feng Shui, wenn Sie einen Baum auf einer im Teich angelegten Insel pflanzen, weil dies für Einschränkung und Schwierigkeiten steht, doch es bedürfte ohnehin eines sehr großen Teichs, um so etwas zu ermöglichen.

Der chinesische Gartenpavillon – das Äquivalent zu unserer westlichen Gartenlaube – hat ebenfalls eine spezielle Bedeutung, die sich jeweils aus der Zahl seiner Seiten ableitet. Eine quadratische Konstruktion symbolisiert die Stabilität der Erde, fünf Seiten stehen in Verbindung mit den Gaben der Fünf Elemente, ein sechseckiger Pavillon steht für Reichtum, und ein achteckiger Pavillon deutet wie die Acht Trigramme auf Wohlergehen und Glück.

Wenn Ihr Haus keinen eigenen Garten hat, aber vielleicht einen Innenhof oder eine Dachterrasse, dann können Sie sich das Feng Shui noch immer durch den Einsatz von bestimmten Mustern, von Statuen, Blumen und Pflanzen zunutze machen.

Jahrhundertelang haben die Chinesen in ihren Gärten Mosaike aus kleinen Steinchen angelegt, die sich idealerweise an einem umschlossenen Ort befinden sollten. Diese Mosaike können in ihrer wechselnden Form- und Mustergebung auf perfekte Weise die Prinzipien von *Yin* und *Yang* wiedergeben und eignen sich besonders gut für Innenhöfe oder Dachterrassen. Auch hier können Miniaturbergformationen und Steingärten, nicht anders als in großen Gärten, als Schutzelement dienen.

Natürlich ist es nicht möglich, auf so begrenztem Raum Bäume anzupflanzen, aber das Aufstellen von Tiersymbolen an richtiger Stelle wird dem Feng Shui des Ortes zugute kommen: Drachen im Osten, Tiger im Westen, Kraniche oder Reiher im Süden und Schildkröten im Norden. Auch jeder Garten, gleich wie groß oder klein er ist, kann vom symbolischen Wert bestimmter Tierplastiken profitieren und so das Glück vermehren. Löwen zum Beispiel repräsentieren Macht und Autorität; Störche symbolisieren Jugend; Schildkröten stehen für Langlebigkeit, und ein Hirsch kann Reichtum bringen.

Die Experten des Garten-Feng Shuis haben auch sehr viel über die *Yin* und *Yang*-Elemente von Blumen und Pflanzen nachgedacht, die eine wichtige Rolle bei der Harmonie und Ausgewogenheit Ihres Gartens spielen können. Sie glauben, daß die richtige Auswahl der Blumen – gleich ob es sich um ein Blumenbeet, einen Steingarten, einen Innenhof oder einen Wintergarten handelt – das *Ch'i* des ganzen Grundstücks verbessern kann.

Die besten Pflanzen sind die, die reichlich Blattwerk, Blüten oder Früchte aufweisen und lange leben. Sie sollen Wohlergehen und ein langes Leben symbolisieren und idealerweise nahe beim Haus wachsen. Aus den Beobachtungen der chinesischen Gärtner alter Zeiten wurde die untenstehende Tabelle zusamengestellt, die Ihnen als Richtungsweiser für die Pflanzen dienen

102

soll, die aufgrund ihrer jeweiligen *Yin* und *Yang* Qualitäten gut harmonieren. Auch können sie zu einer gesteigerten Symbolik gruppiert werden – so gehen zum Beispiel Pelargonien und Hortensien eine Verbindung von Entschluß- kraft und Leistung ein; Forsythien mit Jasmin fördern Vitalität und Freund- schaft. Es ergeben sich hier schier endlose Möglichkeiten.

Feng-Shui-Blumen

Pflanze	Symbolik	Yin/Yang
Akazie	Stabilität	Yang
Aprikose	Fruchtbarkeit	Yin
Bambus	Jugend	Yang
Begonie		Yin und Yang
Birne	Langlebigkeit	Yin
Chrysantheme	Entschlußkraft	Yang
Eberesche	Errungenschaft	Yang
Feuerdorn	Lebenskraft	Yang
Flieder	Wohlgeruch	Yin
Forsythie	Lebenskraft	Yang
Gardenie	Stärke	Yang
Geißbart	Ehe	Yin
Glyzinie	Schönheit	Yin
Goldröschen	Individualismus	Yang
Granatapfel	Fruchtbarkeit	Yin
Hibiskus	Fülle	Yin
Hortensie	Errungenschaft	Yang
Incarvillea	Pracht	Yin
Jasmin	Freundschaft	Yin
Johanniskraut	Fülle	Yin
Kamelie	Immergrün	Yang
Kiefer	Langlebigkeit	Yang
Kirsche	Fruchtbarkeit	Yang
Lebensbaum	Langlebigkeit	Yang
Lilie	Fülle	Yin
Magnolie	Wohlgeruch	Yin
Nandine	Heiligkeit	Yin
Narzisse	Verjüngung	Yang
Nomocharis	Gelassenheit	Yin

Pflanze	Symbolik	Yin/Yang
Orchidee	Ausdauer	Yang
Osmanthus	Immergrün	Yang
Pelargonie	Entschlußkraft	Yang
Pfingstrose	Reichtum	Yang
Pfirsich	Freundschaft	Yang
Pflaume	Jugendlichkeit	Yang
Primel	Feuer	Yang
Rittersporn	Konsolidierung	Yang
Rhododendron	Zartheit	Yin
Rodgersia	Fülle	Yin
Rose	Schönheit	Yin
Schildblume	Seelenstärke	Yang
Schmetterlingsstrauch	Fülle	Yin
Schneeball		Yin und Yang
Sommerastern	Feuer	Yang
Spindelbaum	Bescheidenheit	Yin
Steinbrech	Himmlisch	Yang
Wacholder	Toleranz	Yang
Wasserlilie	Seelenstärke	Yang
Weide	Anmut	Yin
Weigelie	Fülle	Yin
Wilder Wein	Zähigkeit	Yang
Zierquitte	Entschlußkraft	Yang
Zypresse	Erhabenheit	Yang

Wenn Sie jene Pflanzen wachsen lassen, die die von Ihnen erwünschten Elemente Ihres Lebens repräsentieren, dann werden Sie eher, so die Feng-Shui-Lehre, zur Harmonie zwischen Ihnen und der Natur gelangen. Aus der Tabelle ersehen Sie zum Beispiel, daß kein Garten ohne Schneeball und Begonie auskommen sollte: Bei beiden Arten finden sich sowohl männliche wie weibliche Pflanzen, die *Yin* und *Yang* in doppelt glückverheißender Kombination verbinden.

Manche Feng-Shui-Anhänger glauben, daß schöne Blumen zu den sichbarsten und lohnenswertesten Merkmalen eines Feng-Shui-Heims werden können, da sie die Prinzipien der Harmonie verkörpern und zugleich den Fluß des »Lebensatems« befördern.

Noch ein letzter Punkt. Feng-Shui-Experten glauben, daß diejenigen, die ihre Gartenaktivitäten auf einen kleinen Wintergarten oder ein paar Topfpflanzen beschränken müssen, am besten Blumen pflanzen sollen, deren Farben mit ihrem Geburtszeichen übereinstimmen. Sie können Sie der Tabelle auf Seite 78 entnehmen. Fröhliches Gärtnern!

風 水
6. Blick in die Zukunft

Kaiser Fu Hsi, der erste Herrscher Chinas, dem man die Entdeckung der Acht Trigramme auf dem Panzer einer sich am Ufer des Flußes Luo sonnenden Schildkröte zuschreibt, soll auch noch etwas anderes sehr Bemerkenswertes auf dem Rücken dieses geheiligten Geschöpfes gesehen haben. Es war ein magisches Quadrat mit neun Zahlen, dargestellt in einer Reihe von Punkten. Und jede Zahlenreihe, ob nun horizontal, vertikal oder diagonal gelesen, ergab stets die Summe von 15. Der Kaiser gab diesem magischen Quadrat den Namen *Lo Shu* nach dem Ort, wo er es entdeckt hatte.

Geschichten über dieses magische Quadrat lassen sich bis zu einigen der frühesten chinesischen Schriften zurückverfolgen, vor allem jenen, die sich mit der Entwicklung des Feng Shui befassen. Im *Buch des Prinzen Huai Nan*, das im zweiten Jahrhundert v.Chr. verfaßt wurde, steht zu lesen, daß nicht nur die Zahlenreihen stets 15 ergeben, sondern daß auch jeder der ungeraden oder *Yin*-Zahlen mit einer der kardinalen Richtungen auf dem Kompaß übereinstimmt, während die dazwischenliegenden Zahlen alle *Yang* sind.

Der Kaiser war es, der als erster eine Verbindung zwischen dem *Lo Shu*, dem Kompaß und den Acht Trigrammen herstellte. Da jede Zahl in diesem Quadrat – mit Ausnahme der Zahl 5 – mit einer Richtung auf dem Kompaß übereinstimmte, mußte seiner Ansicht nach auch jede Zahl, genau wie die Acht Trigramme, mit einem Punkt auf dem Kompaß in Verbindung gebracht werden. Die Abbildung auf Seite 63 zeigt Ihnen noch einmal, welches Trigramm welcher Richtung zugeordnet wird.

Auf diesem Hintergrund können wir nun jede Zahl mit einem der Trigramme in Beziehung setzen, wobei Sie daran denken sollten, daß in der chinesischen Tradition der Süden oben zu finden ist.

Die Zahl 9 = Li
Die Zahl 2 = K'un

Die Zahl 7 = Tui
Die Zahl 6 = Ch'ien
Die Zahl 1 = K'an
Die Zahl 8 = Ken
Die Zahl 3 = Chen
Die Zahl 4 = Sun

Auf der Grundlage dieser Aufstellung konnte der Kaiser nicht nur eine Verbindung zwischen den Zahlen, Richtungen und Trigrammen herstellen, sondern diese Erkenntnisse auch zur Erforschung von etwas einsetzen, das wir alle gerne wissen möchten, nämlich was die Zukunft für uns bereithält.

Da im Feng Shui davon ausgegangen wird, daß das gesamte Wissen des Universums in den Acht Trigrammen enthalten ist, kann sich diese alte Wissenschaft auch durch jedes dieser Trigramme mit einer Botschaft an eine Person wenden. Wir können mit Hilfe bestimmter Methoden Zahlen ermitteln, diese unter Anwendung der »Neunerregel« (ein auch in der westlichen Numerologie anerkanntes System) auf eine einstellige Zahl zwischen 1 und 9 reduzieren und dann mit Hilfe des *Lo Shu*-Schlüssels das Trigramm ermitteln, das wir zu Rate ziehen sollen.

Lange Zeit benutzten die Chinesen bei all diesen Konsultationen ein aus 52 Stäben bestehendes Bündel von getrockneten Schafgarbenstengeln, die zwischen 30 und 60 Zentimeter lang waren. Dieses Bündel wurde in einem komplizierten und zeitaufwendigen Verfahren immer wieder geworfen und geteilt und nochmals unterteilt, bis sich schließlich das Ergebnis durch die Anwendung der »Neunerregel« auf eine einstellige Zahl reduzieren und so auf eines der Trigramme beziehen ließ.

Es wird Sie freuen zu hören, daß wir heute mit drei Münzen zum selben Ergebnis gelangen können, ein sehr viel leichteres, kürzeres und inzwischen akzeptiertes Ritual, das nun schon so manche Generationen an Feng-Shui-Experten erfolgreich praktiziert haben.

Zunächst müssen Sie sich drei identische Münzen besorgen. Es können ganz gewöhnliche Münzen sein, solange sich »Kopf« und »Zahl« eindeutig voneinander unterscheiden. Auf Seite 109 sehen Sie eine chinesische Münze als Beispiel abgebildet, auf der einen Seite ein Drache als »Kopf« und auf der anderen Seite traditionelle Schriftzeichen als »Zahl.« Wenn Sie keine passenden Münzen auftreiben können und ganz normale Münzen nehmen, sollten

Sie, da es hier ja nur darum geht, die »Wertigkeit« des Trigramms zu ermitteln, die Seite, die den Wert der Münze angibt, zum »Kopf« erheben.

Diese Prozedur hat zum Ziel, daß Sie herausfinden, von welchem der Acht Trigramme Sie sich schicksalsmäßig leiten lassen sollen. Doch bevor Sie damit beginnen, müssen Sie an zwei Dinge denken: Erstens sollen Sie sich in einem sehr entspannten Geisteszustand befinden und dürfen die Münzen nicht mit irgendwelchen Gedanken an eine Manipulation des Resultats werfen. Zweites müssen Sie die drei Linien nach traditioneller chinesischer Art von unten nach oben auf ein Blatt Papier zeichnen, das heißt, Sie beginnen *unten* und setzen eine Linie über die andere, wobei Sie ziemlich viel Zwischenraum lassen.

Nun umschließen Sie die drei Münzen mit ihren Händen, schütteln sie ordentlich durch und werfen sie dann auf eine glatte Oberfläche. Haben Sie zweimal »Zahl« und einmal »Kopf« geworfen, so ergibt das ein *Yang*, also eine durchgehende Linie. Zweimal »Kopf« und einmal »Zahl« ergeben ein *Yin* mit gebrochener Linie. Natürlich kann es auch vorkommen, daß Sie dreimal »Kopf« werfen, wobei die Linie dann so geschrieben werden sollte: 000; dreimal »Zahl« wird folgendermaßen notiert: ↑ ↑ ↑.

Im Feng Shui sind solche Linien (dreimal »Kopf« oder dreimal »Zahl«) als »Wandlungslinien« bekannt. In diesem Fall haben Sie zwei Optionen: Entweder werfen Sie die Münzen nochmals für ein völlig neues Trigramm, oder aber nur einmal, um die betreffende Linie zu ändern. Diese »Wandlungslinien« sind im übrigen besonders erhellend, wenn man mit den 64 Hexagrammen des *I Ging* arbeitet, da sich auf diese Weise mehr als ein Zeichen ergibt, daß man zu Rate ziehen kann: Erstens das Hexagramm, das durch die Veränderung der betreffenden Linie entsteht; und zweitens erhalten wir noch eine »zweite Meinung« dadurch, daß ein völlig neues Trigramm geworfen wird. Und wie oft finden wir, wenn wir ein Problem zu lösen haben, eine zweite Meinung äußerst hilfreich!

Die Feng-Shui-Lehre hat immer betont, daß es sich bei den Trigrammen um ein philosophisches System handelt, das sich auf die moralischen und mystischen Glaubensvorstellungen der Chinesen alter Zeiten gründet, und daß es ein Fehler wäre zu glauben, man könnte hier auf irgendeine Frage eine ganz und gar eindeutig »positive« oder »negative« Antwort erhalten. Vielmehr ist es essentiell wichtig, daß Sie sich bei der Interpretation des erhaltenen Textes auf Ihre eigene Intuition verlassen – denn diese Texte sollen Ihnen in Wahrheit nur als Handlungsleitfaden dienen. Dies gilt nicht nur, wenn Sie sich

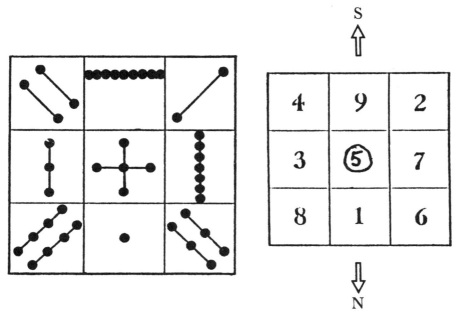

Das magische Quadrat der neun Zahlen – das Lo Shu - *wie es vom Kaiser Fu Hsi auf dem Panzer einer Schildkröte entdeckt wurde. Man findet es in den beiden hier gezeigten Versionen.*

Eine chinesische Münze von der Art, wie sie in den letzten hundert Jahren für Feng-Shui-Prophezeiungen in Gebrauch war.

der Acht Trigramme zu Fragen in Angelegenheiten bedienen, die die Zukunft und die Liebe betreffen, sondern viel mehr noch für die 64 Hexagramme in ihrer größeren Vielfalt.

Wie Raymond Van Over, ein ausgezeichneter Erforscher der chinesischen Geschichte und des chinesischen Aberglaubens, in der Einführung seiner von ihm 1970 herausgegebenen Version des *I Ging* schrieb:

»Es richtet die Aufmerksamkeit des Fragenden auf alternative Möglichkeiten und die wahrscheinlichen Konsequenzen unserer Handlungen, wenn wir uns für den einen statt für einen anderen Weg entscheiden. Wünscht das Orakel unser Handeln in eine bestimmte Richtung oder durch einen spezifischen Kanal zu lenken, dann wird es uns sagen, wie der Edle sich verhalten würde. So werden auf subtile Weise unsere Handlungen auf ein positives Ziel hingelenkt und räumen uns doch zugleich den freien Willen ein, unser Schicksal letztlich selbst zu bestimmen.«

Van Over und andere Autoren haben darauf hingewiesen, daß es, will man dieses uralte System zu Rate ziehen, sehr wichtig sich, sich *davor* darüber klar zu werden, nach welchen Antworten man sucht. Sie sollten sich, bevor Sie beginnen, so grundlegende Fragen stellen wie: *Was* passiert, wenn ich diesen Handlungsweg einschlage oder dieses Projekt ausführe? *Wie* wird sich das auf andere Menschen auswirken? Und ganz besonders die Frage: Welche Faktoren werden vermutlich meine Beziehungen mit anderen, einschließlich der Angehörigen des anderen Geschlechts, beeinflußen? Die Antworten werden vermutlich nicht sehr spezifisch ausfallen, aber einige wichtige Fragen wie diese können sogar mit einem »ja« oder »nein« beantwortet werden; es sollte jedoch kein Teil des Textes ignoriert oder übersehen werden, denn Jahrhunderte an Erfahrung haben gezeigt, daß das, was auf den ersten Blick irrelevant erscheint, eine sehr viel tiefere Bedeutung haben kann, wenn man sorgfältig darüber nachdenkt.

Die Chinesen haben immer geglaubt, daß eine Autoritätsperson nach Süden blicken sollte, wenn sie eine Audienz gibt, und so sollte auch ein Weisheitsbuch, das Antworten erteilt, nach Süden gerichtet auf dem Tisch liegen, während der oder die Ratsuchende dem Norden zugewandt ist. Auch das Entzünden von Räucherstäbchen gilt einer ruhigen und empfänglichen Atmosphäre als förderlich.

Wenn Sie die Münzen geworfen und die drei Linien des Trigramms vor sich haben, dann können Sie sich den Interpretationen zuwenden, die für dieses Buch erstellt wurden. Ich muß darauf hinweisen, daß diese Texte nur als Deutungen auf der Grundlage einer sehr langen Reihe von Interpretationen zu verstehen sind, denn im Laufe der Jahrhunderte haben an die 3000 Gelehrte versucht, die diesen einfachen doch schier endlos komplexen Linien inhärenten Geheimnisse zu entschlüsseln. Doch all diese Männer und Frauen waren sich in einem einig, nämlich daß diese Linien den gängigen Wahrsagesystemen überlegen sind – und gewiß sehr viel komplexer und verehrungswürdiger als die in Zeitungen und Zeitschriften abgedruckten Tages- oder Monatshoroskope – und zwar wegen der in ihnen enthaltenen Ideen und Ideale und ihrer Absicht, dem fragenden Geist ein Tor zu öffnen.

Mit einem Wort, je mehr *Intuition* Sie bei der Befragung der Trigramme einbringen, desto umfassender werden die sich Ihnen eröffnenden Wahlmöglichkeiten sein, wenn es um die Entscheidung geht, ob sich Ihr Handeln in Übereinklang mit Ihrem persönlichen besten Interesse sowie dem Ihrer Mitmenschen befindet. Wie eine die Trigramme regelmäßig zu Rate ziehende Person sagte, als wir über die Kräfte der Intuition sprachen, die oft genug als Ersatz für Lernen und Wissen betrachtet und der Lächerlichkeit preisgegeben werden: »Intuition ist keine übernatürlichere Gabe als unsere Fähigkeit zu gehen, zu rennen und zu springen, aber wie immer bedarf die volle Entwicklung dieser Gaben der regelmäßigen Übung.«

Der Feng-Shui-Lehre zufolge ist aufgrund der innigen Beziehung zwischen Himmel und Erde und allem, was sie enthalten, nichts – auch nicht das Menschenleben oder die Zukunft – unveränderlich, und die Strukturen der Trigramme wurden uns als intuitive Schlüssel gegeben für das, was die Zukunft für uns alle bereithält.

Prophezeiungen der Trigramme

Auf den folgenden Seiten werden Sie Interpretationen für jedes der Acht Trigramme finden, die Sie nachlesen können, wenn Sie die Münzen geworfen und das daraus resultierende Trigramm gefunden haben. Jeder dieser Texte enthält Richtlinien, die sich auf künftige Aussichten, Gesundheit und die romantische Liebe beziehen.

Sie werden feststellen, daß die Interpretationen in manchen Fällen bemerkenswert spezifisch sind. Und in der Tat haben sie sich nach Aussage des Feng-Shui-Experten in Singapur, der sie für mich erarbeitet hat, damit sie einer neuen Generation von Lesern und Leserinnen weitergegeben werden, in den vielen Jahren, in denen sie zu Rate gezogen wurden, als geradezu unheimlich präzise erwiesen. Dieser Experte hat auch, um das Lesen zu erleichtern, die Antworten in gesonderte Abschnitte unterteilt.

1 Ch'ien
Das Symbol der Kreativität

Ch'ien *ist ein ganz und gar männlich gepoltes Trigramm, das aus drei* Yang Linien *besteht und darauf verweist, daß nur der Mensch, der Stärke mit Sanftheit verbindet, zu wahrem Glück gelangen wird. Es symbolisiert die Macht der himmlischen Kräfte, durch die sich alles ereignet. Der Edle richtet seinen Blick auf das Beispiel des Himmels und bemüht sich, dessen hohen Idealen nachzustreben und sie zu verwirklichen.*

Allgemeiner Kommentar: *Ch'ien* steht für das schöpferische Prinzip, *Yang*, das durch den Wechsel operiert und sicherstellt, das alles seine Ordnung hat: Die Sonne scheint, der Regen fällt und die Menschen gedeihen. Wir müssen uns dem Wandel unterordnen und mit unserer Umwelt in Harmonie leben. Die Linien des Trigramms stehen für Festigkeit, Macht und Rechtschaffenheit. Der Edle weiß, daß er zur Lösung des Problems seine Charakterstärke einsetzen muß. Wir alle müssen uns verhalten wie dieser Mensch: freundlich, gesittet und erbarmungsvoll. Es wird Ihnen Traurigkeit ins Haus stehen, aber Freunde werden Ihnen helfen, sie zu bewältigen. Obwohl Sie sich am Rande eines Abgrunds (Problems) finden, besteht keine Gefahr für Sie, denn es trifft Sie keine Schuld. Weil Sie wachsam waren, wird Ihnen eine gewisse materielle Befriedigung zuteil. Doch Sie empfinden eine gewisse Unruhe, was die Richtung Ihres Lebens angeht, und es wäre klug, den Rat einer weisen (älteren) Person zu suchen, bevor Sie Entscheidungen treffen, die nicht mehr rückgängig zu machen sind. Dies ist eine sehr gute Zeit, um über die Zukunft nachzudenken und nachzusinnen, ohne eine Verpflichtung einzugehen.

Zwei Frauen erstellen ihr Horoskop nach den Feng-Shui-Regeln.

Frauen: Lassen Sie sich nicht auf allzuviel Geschwätz und Klatsch ein, denn dies stellt eine Bedrohung für eine potentielle Liebesaffaire dar. Eine Begegnung mit einem Mann in beachtlicher Position und mit beträchtlichem Einfluß könnte zu einer Ehe führen. Hüten Sie sich vor Schmeichelei, wenn Sie vor noch nicht allzu langer Zeit Ihr Elternhaus verlassen haben, und versuchen Sie nicht, Ihre Unsicherheit mit Arroganz zu bemänteln. Geben Sie stets Ihren Ansichten über Liebe und Ehe einen objektiven Ausdruck, denn sonst könnten Sie jemandem, der potentiell sehr wichtig für Sie ist, einen falschen Eindruck vermitteln. Wenn Sie sich in Ihrem gesellschaftlichen Leben beschränkt fühlen, dann sollten Sie die Gelegenheit zum Reisen wahrnehmen, denn das wird eine neue Phase in der romantischen Liebe einleiten. Eine erwünschte Schwangerschaft ist nun sehr wahrscheinlich.

Männer: Eine schöne und offenbar sanfte Frau strebt danach, in einer Gruppe von Männern auf deren Kosten Macht zu erlangen. Eine bedeutsame Beziehung wird durch das Eindringen einer dritten Partei bedroht. Die Schmeicheleien von Frauen beeinflussen Sie, obwohl Sie bald auf äußerst unerwartete Weise eine lange andauernde Liebesaffaire eingehen werden. Es besteht die Gefahr der Trennung von einer geliebten Person durch ein Mißverständnis.

Beide Geschlechter: Emotionen sind der Schlüssel zu einer erfolgreichen Liebesaffaire, und Leidenschaft und Zuneigung müssen hier sorgfältig ausbalanciert werden. Eine jetzt eingegangene Ehe wird nicht lange andauern.

2 SUN
Das Symbol der Sanftheit

Sun symbolisiert den sanften Wind, der den Geist williger Unterordnung über die Welt verbreitet. Der Edle verhält sich stets in Übereinstimmung mit den Regeln des Gesetzes. Es ist ein günstiges Zeichen für Frauen und gibt ihnen den Rat, sich das Leben vollständig nunutze zu machen und auf Überraschungen gefaßt zu sein.

Allgemeiner Kommentar: Obgleich dieses Trigramm die Unterordnung unter höhere Mächte repräsentiert, fordert es doch auch zur Festigkeit im Handeln gemäß der Anweisungen auf, um zu Erfolg in kleinen Dingen zu gelangen. Es ist wichtig, ein Ziel vor Augen zu haben, obgleich dessen Erreichen von der Sanftheit eines großen Mannes (Chef) abhängt. So wie der Wind aus verschiedenen Richtungen bläst, ordnet sich der Weise den Umständen, über die er keine Kontrolle hat, unter. Möglich, daß Sie sich mit einer Situation konfrontiert sehen, die Sie nicht selbst herbeigeführt haben, doch wenn Sie sich weigern, überhastet zu handeln, werden Sie das Problem lösen. Sie lassen sich leicht beeinflussen, also hüten Sie sich davor, ausgenutzt zu werden. Im Umgang mit Freunden dürfen wir nicht unsere persönlichen Ansichten anzweifeln. Lassen Sie nicht zu, daß sich Ihre Willenskraft erschöpft, denn das wird zur Schande führen. Der Weise läßt sich in seinem Urteil nicht durch eine aufrührerische Menschenmenge beirren, obgleich sie ihn umtreiben kann wie ein Blatt im Wind. Inspirieren Sie Ihre Untergebenen dazu, im Interesse der

Firma zu arbeiten, und Sie werden Ihr eigenes Glück sicherstellen. Als Frau können Sie die Sanftheit zu Ihrem eigenen Vorteil nutzen, vor allem, wenn Ihre Meinung von den Ansichten Ihrer Kollegen abweicht. Die drei Tage vor und nach einer einschneidenden Veränderung sind besonders günstig.

Frauen: Dies ist eine gute Zeit für die romantische Liebe, und es mag wohl sein, daß Sie in den nächsten sechs Tagen einen neuen Liebhaber finden. Beharren Sie nicht darauf, eine alte Liebesaffaire wiederzubeleben, denn diese ist bereits zum Scheitern verurteilt. Wenn Sie darauf vorbereitet sind, zwischen willfährigem Verhalten und Beharrlichkeit hin- und herzuwechseln, wird Ihr Herzenswunsch in Erfüllung gehen. Es kann nicht schaden, wenn Sie Ihre Pläne plötzlich ändern, vor allem wenn es um eine Reise mit einem Menschen geht, den Sie insgeheim bewundern. Eine Begegnung, die einen schlechten Anfang nahm, wird sich wegen ihres fröhlichen Naturells und Ihrer Anpassungsfähigkeit gut entwickeln.

Männer: Spielen Sie zu diesem Zeitpunkt nicht mit den Emotionen von Frauen, denn das wird auf Sie zurückfallen. Nach einer Phase der Meinungsverschiedenheiten und Streitigkeiten werden Sie und die Frau in Ihrem Leben Ihre Differenzen begraben, und Ihre Liebe wird stärker sein als zuvor. Über den älteren Mann, der viel Zeit mit einer sehr viel jüngeren Frau verbracht hat, wird viel geklatscht werden, wenn er nicht die ernsthafte Absicht hegt, sie zu ehelichen. Wegen Ihrer Vielseitigkeit beim Übernehmen neuer Aufgaben (Beförderung) werden Sie bald eine bedeutsame neue Freundin finden.

Beide Geschlechter: Das Alter sollte kein Problem bei der Zuneigung zwischen Mann und Frau sein, denn die Liebe kann solche Hindernisse überwinden.

3 Li
Das Symbol des Lichts

▬▬▬
▬ ▬
▬▬▬

Li *bezeichnet eine leuchtend helle, in zwei Zungen aufsteigende Flamme, die die Welt erhellen und verbessern wird. Der Edle wird sein Wissen und seinen Einfluß weithin erstrahlen lassen und damit auch sein eigenes Glück schmieden. Es ist ein günstiges Zeichen für Paare, deren Liebe in Zeiten der Härte erstarkte und gedieh.*

Allgemeiner Kommentar: Ein seltsamer Hinweis im Text für dieses Trigramm besagt, daß nicht nur das Geltendmachen des persönlichen Einflusses, sondern auch das Aufziehen von Kühen zu großem Erfolg führen wird! Die Alten deuteten dies folgendermaßen: Die Kuh ist ein sanftes Geschöpf und bedarf der sorgsamen Pflege, um den bestmöglichen Ertrag zu bringen. So soll der Weise sich all derer annehmen, die weniger befähigt sind als er. Dieses Symbol ruft uns stets zu respektvollem Verhalten auf. Nehmen Sie dieses Zeichen nie zu leicht, denn Feuer kennt keinen Respekt vor Menschen, und Sie könnten sehr wohl einen Rückschlag in Ihren Plänen erleiden, vor allem wenn sie nicht klar durchdacht waren. Denken Sie daran, daß auf die Helligkeit des Tages die Dunkelheit der Nacht folgt, und so sollten Sie Ihre Jugend nicht in Müßiggang und Zerstreuung vergeuden. Manchmal ist zur Lösung eines Disputs Stärke vonnöten, aber verleihen Sie Ihrem Gesichtspunkt durch Kenntnis und nicht mit Drohungen Nachdruck. Weinen Sie nicht, denn Ihre Probleme werden nicht von Dauer sein. Die kaiserliche Farbe Gelb ist mit diesem Trigramm verbunden und deutet auf eine Zeit des Glücks, solange Sie, wie ein Herrscher, Geduld haben und auf die hören, die Ihnen guten Rat erteilen.

Frauen: Sie sind eine entgegenkommende und fürsorgliche Frau und lassen sich nicht durch falsche Versprechungen oder Schmeicheleien täuschen. Es wäre ein Fehler, sich auf jemanden in ihrer Nachbarschaft tiefer einzulassen, wenn die Aussicht auf eine erfüllende Liebesbeziehung fern von zu Hause, vielleicht sogar in Übersee besteht. Verlassen Sie sich nicht auf die Versprechungen von jemandem, der aus Arbeitsgründen weggezogen ist, denn er hat

Sie schon vergessen. Ihr zukünftiges Glück hängt von harter Arbeit und Kooperation mit Ihrem Liebsten ab.

Männer: Vermeiden Sie es, sich von falschen Vergnügungen in Versuchung führen zu lassen, und Ihre Beziehung zu Frauen wird sich verbessern. Eine anhaltende Liebesbeziehung mit einer Person, die Sie schon seit Ihrer Kindheit kennen, wird aufblühen. Durch eine plötzliche und unerwartete Begegnung mit einer Frau an einem öffentlichen Ort wird auf eine unglückliche Zeit viel Freude folgen. Sie werden von zwei schönen Frauen in Versuchung geführt werden, die eine tugendhaft, die andere unmoralisch, aber wenn Sie der Versuchung erliegen, wird sich Ihr Glück verflüchtigen. Lassen Sie es nicht zu, daß Ihr Liebesleben durch Ihre Neigung zum Trinken bedroht wird.

Beide Geschlechter: Ihnen ist es bestimmt, ein glückliches Familienleben zu führen, aber Sie werden nicht heiraten, bevor Sie nicht in Ihrem Beruf erfolgreich sind.

4 KEN
Das Symbol der Meditation

Ken steht für riesige, unbewegliche Berge. Der Edle weiß um den Wert des Verharrens in innerer Stille, während er sein Leben und seine Handlungen betrachtet. Dieses Zeichen fordert zur Zurückhaltung auf in einer Zeit, in der die Dinge leicht schief gehen können; indem man den kleinen Details Aufmerksamkeit schenkt, wird eine wertvolle Beziehung bewahrt.

Allgemeiner Kommentar: In diesem Symbol drückt sich der Gedanke aus, daß die beste Form des Handelns zuweilen das Nicht-Handeln sein kann. Dies deckt sich mit der westlichen Vorstellung von Meditation und Selbstprüfung. Es handelt sich hier um ein stark persönliches Trigramm, in dem die Empfehlung ausgesprochen wird, in bezug auf das Verhalten den eigenen Neigungen zu folgen. Der Weise sagt: Wenn es Sie zum Arbeiten drängt, dann arbeiten Sie –, aber wenn Sie Ruhe brauchen, dann ruhen Sie sich aus. Nur wenn Sie mit sich eins sind, können Sie zum inneren Frieden gelangen. Wenn Sie die

Gefühle Ihres Herzens ignorieren, werden Sie ein paar Freunde enttäuschen, die auf Sie gezählt haben. Es besteht die Gefahr eines Unfalls –, aber Sie werden unverletzt daraus hervorgehen, obgleich die Situation durch eine engere Kooperation mit einigen Ihrer Freunde hätte vermieden werden können. Es ist eine gute Zeit, sich einem schon lange angestrebten Ziel zu widmen. Irgendwelche bestimmten Problme hinsichtlich dieses Ziels lassen sich aber nur durch klares Denken statt hektischer Aktivitäten lösen. Sie werden von Ablenkungen umstellt sein, lassen Sie aber Ihre Reaktionen nicht deutlich werden, denn Sie befinden Sich emotional in einer verletzlichen Position.

Frauen: Dies ist keine gute Zeit, um an eine Ehe oder an irgendwelche dauerhaften Schritte in einer Beziehung zu denken, denn es gibt zu viele Ablenkungen. Stolz und Arroganz als Folge eines plötzlichen geschäftlichen Erfolgs können Ihre Beziehung so sehr untergraben, daß sie zusammenbricht. Kleiden Sie sich nicht allzu extravagant, denn obgleich dies neue Männer in Ihr Leben bringen würde, wird Ihnen doch keiner eine Liebesbeziehung anbieten, die es wert wäre. Ihr wahrer Charakter droht durch das Gesicht, das Sie unbedingt nach außen hin zeigen wollen, aufzuweichen: Sie können um Ihrer selbst willen geliebt werden.

Männer: Sie werden sich in Ihrem Leben zwischen zwei Frauen zu entscheiden haben, denn Sie können nicht zu dritt in Harmonie leben. Obgleich Sie möglicherweise bald finanziellen Erfolg haben werden, sollten Sie sich vorsehen, daß Sie Ihr Geld nicht an eine Frau mit sehr hohem Lebensstandard verschwenden, was Sie letztlich nur bedauern würden. Versuchen Sie nicht, Ihre sexuelle Unerfahrenheit durch Aufschneiderei zu kaschieren, da dies ein Hindernis für eine echte Liebesbeziehung darstellt. Jedermann macht Fehler, und wenn Sie dies einer Person, die Sie bewundern, eingestehen, wird das eine Liebesbeziehung nicht beenden sondern nur stärken.

Beide Geschlechter: Das ungestüme Streben nach Befriedigung stellt eine echte Bedrohung für jegliche bedeutsame Beziehung mit einer Person des anderen Geschlechts dar.

5 TUI
Das Symbol des Glückszustands

Tui symbolisiert den malerischen Anblick einer ruhigen Wasserfläche und steht für Freude und Glück. Der Edle verbreitet Freude unter den Menschen, denen er begegnet, indem er all die Tugenden preist. Das Trigramm deutet darauf hin, daß die größten Leistungen von Frauen und Männern gemeinsam erzielt werden, obgleich jede Person ihre eigene Identität und ihr eigenes Lebensziel haben muß.

Allgemeiner Kommentar: *Tui* gibt das Versprechen, daß wir, wenn wir beharrlich dem rechten Weg des Himmels folgen, mit großer Freude und mit Erfolg belohnt werden. Der Edle weiß, daß die Menschen, wenn sie glücklich sind, ihre Sorgen vergessen, wohlgemut ihre Probleme bewältigen und sogar auch nicht mehr daran denken, daß sie eines Tages sterben müssen. Setzen Sie nicht allzuviel Erwartung in ein bald eintretendes Ereignis, obwohl die Enttäuschung nur gering sein wird. Sie haben sich auf Ihre eigenen Kosten unnötige Sorgen um das Glück einer anderen Person gemacht. Der Weise weiß, daß das größte Glück darin besteht, andere Menschen zu ermutigen, und Ihr heiteres Auftreten wird in schwierigen Zeiten ein großer Vorteil bei der Arbeit sein. Lächeln Sie, und die ganze Welt wird mit Ihnen lächeln. Haben Sie Vertrauen in Ihre Fähigkeiten, und wenn Sie ins Wanken geraten sind, dann suchen Sie sich einen neuen Job. Aus der Jagd nach oberflächlichen Vergnügungen entsteht kein Glück. Sie finden keine Freude, wenn Sie anderen Menschen schmeicheln, vor allem jenen, mit denen Sie eine freundschaftliche Beziehung einzugehen hoffen. Der Edle weiß, daß das äußere Streben nach Glück zu nichts führt, weil es im Inneren wohnt. Unerwartetes Glück kommt auf Sie zu!

Frauen: Wenn Sie kurz davor stehen, sich zu verloben oder zu verheiraten, dann wird eine Verzögerung eintreten, aber das hat seine guten Gründe, und die Situation wird sich schließlich glücklich auflösen. Hüten Sie sich vor Egoismus in Ihrer Beziehung und lassen Sie die andere Person sowohl an Ihren Freuden wie auch Problemen teilhaben. Sie sind nicht dazu geschaffen, ein Heim mit einer anderen Frau zu teilen. Obwohl Sie mit Männern arbeiten müssen, die Sie langweilig finden, sollten Sie sie nicht ignorieren, da das Ihre Position gefährdet. Auf eine Zeit der Einsamkeit wird eine Ihrer glücklichsten Liebesbeziehungen folgen.

Männer: Es ist kein Unglück, wenn Sie sich einer Frau unterstellen müssen, denn eine schöne Blume hängt in ihrem Genährtwerden von der Erde ab. Es ist nicht ratsam, aus Gründen der finanziellen Sicherheit eine Liaison mit einer Frau einzugehen, die sehr viel älter ist als Sie. Versuchen Sie nicht, Personen des anderen Geschlechts mit bedeutungslosen und schmeichlerischen Worten zu beeinflussen, denn diese werden nur unangenehmen Klatsch über Sie verbreiten. Der Verdacht, daß die Frau in Ihrem Leben eine Affäre mit einem anderen hat, erweist sich als unbegründet. Handeln Sie also nicht überstürzt.

Beide Geschlechter: Rückschläge gehören zu jeder Beziehung, die es wert ist, denn sie sind der Ausdruck zweier unterschiedlicher Charaktere die, wenn die rechte Zeit gekommen ist, schließlich zur Einheit gelangen werden.

6 K'AN
Das Symbol der Hindernisse

K'an *symbolisiert eine ungeheure Tiefe des Wassers. Der Edle wird sich vor einem Abgrund vorsehen müssen, in den er fallen kann, wenn er sich nicht an die Tugenden hält und andere nicht dazu auffordert, Gefahren zu meiden. Dieses Zeichen warnt auch davor, der sinnlichen Begierde zum Opfer zu fallen, da dies zu langwierigen Implikationen führen könnte.*

Allgemeiner Kommentar: Dieses Trigramm, bei dem das Wasser eine Reihe von künftigen Hindernissen symbolisiert, weist auf ernsthafte Gefahr hin. Sie werden mit einer Anzahl von Problemen konfrontiert werden, in denen Sie leicht untergehen können, wenn Sie nicht an Ihre Fähigkeit, doch Erfolg zu haben, glauben. Es hat keinen Sinn, nach kurzfristigen Lösungen zu suchen oder einen kleineren Erfolg als Zeichen zu deuten, daß nunmehr die Gefahr vorbei ist. Der Fluß fließt in seinem Lauf, und der Weise muß standhaft und geduldig sein. In dieser Zeit wird man leicht irregeleitet, doch der Rat einer übergeordneten Person wird sich als unschätzbar erweisen. Sie geraten möglicherweise in sehr tiefe Wasser, vor allem in einer neuen Beziehung, und Ihr weiterer Weg wird unklar sein, bis es zu einer Intervention durch einen Fels (wahren Freund) kommt. Lassen Sie sich möglichst nicht in Ihrer Stabilität beeinträchtigen. Die Hilfe von seiten bestimmer Verwandter mag wohlgemeint sein, wird die Situation aber nicht erleichtern. Klares Denken und ein einfacher Lebensstil sind das beste Mittel, um das mit *K'an* einhergehende Unheil zu überleben.

Frauen: Verhalten Sie sich den Männern in Ihrem Leben gegenüber nicht ungebührlich oder rücksichtslos, denn sonst werden diese Sie bald meiden. Das Streben nach Beförderung und Reichtum wird Ihnen nicht die Zuneigung von Personen des anderen Geschlechts einbringen. Eine überhastete Liebesaffäre mag sexuell befriedigend sein, wird aber zu unerwarteten Komplikationen mit einigen Ihrer ältesten und liebsten Freunde führen. Echte oder vorgetäuschte Unwissenheit ist keine Entschuldigung, wenn Sie in bezug auf das Leben und die Zuneigung anderer Risiken eingehen.

Männer: Hüten Sie sich vor der Frau, die für Vergnügungen Geld ausgeben möchte, ohne sich Gedanken um die Zukunft zu machen; hinter ihrer Schönheit verbergen sich Unreife und Egoismus. Eine Liebesbeziehung ist wegen eines Flirts mit einer Arbeitskollegin gefährdet. Hören Sie immer achtsam auf die Bitten von Frauen, aber glauben Sie nicht, daß hinter dem Gesagten noch mehr steckt. Dies ist keine gute Zeit, um an eine Ehe zu denken, denn in Ihrem Leben finden sich zu viele Ungewißheiten, um die Verantwortung eines Hausstands auf sich zu nehmen. Wenn Sie in Ihren Affairen mit Frauen nachlässig sind, werden Sie dazu gezwungen, Verantwortung zu übernehmen.

Beide Geschlechter: Lernen Sie, sich reifer zu verhalten, denn die wahre Liebe wartet schon auf Sie.

7 CHEN
Das Symbol des Aufruhrs

☳

Chen symbolisiert Donner und Bewegung und ist ungeheuer machtvoll. Der Edle weiß, daß das Getöse des Donners die Menschen zwar erschreckt, sie aber auch zur Veränderung und Verbesserung ihrer Person und ihres Charakters anregen kann. Das Zeichen verweist zudem darauf, daß Geduld für den Erfolg einer jeglichen Beziehung von entscheidender Bedeutung ist.

Allgemeiner Kommentar: Für die Weisen alter Zeiten stand dieses Trigramm für alle mächtigen Naturkräfte der Erde, die sich durch ihr ehrfurchtgebietendes Wesen auf die Gemüter der Menschen auswirken können. Furcht ist ein guter Lehrer, denn indem sie uns dazu bringt, uns selbst zu überprüfen, können wir uns verändern und zum Glück finden. Es ist gut, die Menschen nicht merken zu lassen, daß Sie sich angesichts einer verwirrenden Situation fürchten. Wenn Sie aus Ihrer Angst heraus ungestüm handeln, wird diesmal kein Schaden daraus erwachsen. Machen Sie sich keine Sorgen, wenn Sie einen finanziellen Verlust erleiden, denn Sie werden bald die Gelegenheit erhalten, das Geld wiederzugewinnen. Gefahr in Form von bösen Menschen wird gesellschaftliche Aktivitäten bedrohen, doch dies wird nur Ängste heraufbeschwören, aber keinen wirklichen Schaden anrichten. Sie werden eine Vorahnung hinsichtlich eintretender Schwierigkeiten haben – warnen Sie andere davor, und wenn Sie Ihre Ängste mit anderen teilen, werden sich die Gefahren vermindern. Die Angst vor unseren Nachbarn macht uns vorsichtig. Es wird viel über eine Heirat geklatscht werden. Eine Person, die Ihre tiefsten Hoffnungen und Ängste teilt, wird bald in Ihr Leben treten – eine Person, mit der Sie eine dauerhafte Beziehung eingehen werden.

Frauen: Möglicherweise wird es Widerstand gegen eine Ehe oder Partnerschaft mit einem Mann geben, den Ihre Eltern aus gesellschaftlichen oder ökonomischen Gründen als unpassend ansehen. Hören Sie auf den Rat der anderen, statt blind gegen deren Wünsche zu opponieren. Seien Sie in Ihrer Beziehung mit einer Person, der Sie sehr zugetan sind, nicht stolz oder starrsinnig, denn das wird Sie nur unglücklich machen. Wenn Sie sich in Ihrer Kleidung und Ihrem Auftreten zur Schau stellen, wird das eine Barriere für eine dauerhafte Beziehung mit Personen des anderen Geschlechts bilden. Es schadet nichts, eine späte Ehe einzugehen.

Männer: Das Trigramm weist darauf hin, daß Sie, falls Sie eine Ehe im Sinn haben, darauf achten sollten, daß das Objekt Ihrer Zuneigung keine übereilte Entscheidung trifft. Doch wenn Sie geduldig warten und ihr mit Liebe und Aufmerksamkeit den Hof machen, wird sie einwilligen, und die Ehe wird glücklich sein. Lassen Sie nicht zu, daß geschäftliche Angelegenheiten in Ihr Liebesleben eindringen, denn das wirkt sich auf beide Bereiche nachteilig aus. Sie sind schüchtern und bescheiden und können in falsche Kreise geraten; hüten Sie sich vor einer promiskuitiven Frau, die Ihnen ihre Aufmerksamkeit schenkt. Wenn Sie eine Frau heiraten, die älter ist als Sie, kann das günstig sein.

Beide Geschlechter: *Chen* warnt davor, sich übereilt in eine Affaire zu stürzen, weil viele Fallgruben lauern.

8 K'UN
Das Symbol der Weiblichkeit

☷

K'un bedeutet reines Yin und symbolisiert die Weiblichkeit der irdischen Kräfte. Das Zeichen steht auch für die Passivität der Mutter Erde, aus der alle Dinge geboren werden. Dieses durch und durch weibliche Zeichen rät Frauen, tugendhaft und liebevoll zu sein, denn auf diese Weise werden sie ihr Schicksal erfüllen.

Allgemeiner Kommentar: Obwohl K'un sanft und weich ist, kann es doch mit einer ungeheuren Macht agieren, die Tugend erzeugt. Das Symbol steht auch für Entwicklung, gesundes Wachstum und Lebensenergie. In dem alten chinesischen Text wird dies als ein sehr günstiges Zeichen beschrieben, das darauf verweist, daß jenen, die gute Taten anhäufen, Glück in Fülle beschieden sein wird. Es ist falsch, sich eines großen Talents oder großer Schönheit zu rühmen, denn Hochmut kommt vor dem Fall. Jetzt ist eine gute Zeit, mit einem öffentlichen Unternehmen zu beginnen, weil, auch wenn sich der Erfolg nicht sofort einstellt, die Zeichen letztlich günstig stehen. Arbeiten Sie ohne Hast, achten Sie auf die Details und denken Sie daran, daß es nicht wichtig ist, der Erste oder Beste zu sein. Folgen Sie dem Beispiel von Menschen, die erfahrener oder talentierter sind als Sie, und Sie werden Erfolg haben. Es ist von Vorteil, Freunde im Süden und Westen zu finden – Menschen mit ähnlichem Hintergrund und ähnlichen Interessen – aber die im Norden und Osten werden Ihnen verlorengehen, denn sie sind ungeeignete Menschen, die Sie verlassen werden, wenn die Dinge schief gehen. *K'un* steht als Beispiel für heiteres Annehmen, das zu Glück führt.

Frauen: Dies ist ein gutes Zeichen für eine Frau, da es anzeigt, daß eine gegenwärtige Liebesaffäre gedeihen wird. Was die einzelstehende Frau angeht, so wird im nächsten Monat ein neuer Liebhaber in ihr Leben treten. Nutzen Sie Ihre persönlichen Fähigkeiten, um die Fähigkeiten des Mannes in Ihrem Leben zu steigern, denn eine Partnerschaft bringt das größte Glück und die größte Freude. Machen Sie sich nicht andere Frauen zu Feinden, indem Sie ihnen nachspionieren und über sie klatschen, denn das wird Sie auch bei Männern unbeliebt machen. Obwohl Ihnen zwei Männer den Hof machen, wird es nicht schwierig sein, eine Wahl zwischen den beiden zu treffen. Gehen Sie immer sicher, daß Ihr Verstand Ihre Emotionen leitet.

Männer: Haben Sie Vertrauen bei Ihrem Umgang mit Frauen, denn Sie werden schließlich Ihre besseren Qualitäten verstehen. Ein Geschäftstreffen, bei dem eine wichtige Frau eine Rolle spielt, wird glückliche Folgen für Sie haben, aber lassen Sie sich nicht zum Glauben verführen, ihr Interesse hätte mit etwas anderem als dem Geschäftsabschluß zu tun. Ihr gesellschaftliches Leben wird sich dramatisch verbessern, und eine Frau, die Sie früher einmal flüchtig trafen, wird nun sehr viel wichtiger für Sie werden. Hüten Sie sich vor einer Büroaffäre, denn das zeigt Unheil an.

Beide Geschlechter: Durch wechselseitigen Respekt und gegenseitiges Verständnis kann ein Paar größtes Glück in seinem gemeinsamen Leben erwarten.

風 水
7. Die Welt des Feng Shui

Durch eine der merkwürdigen Wendungen des Schicksals wurde die Feng-Shui-Praxis, die so viele Generationen lang ein so wesentlicher Bestandteil der chinesischen Lebensweise war, von der gegenwärtigen Regierung der Volksrebublik China »geächtet.« Doch eine Tradition, die Tausende von Jahren Teil der Psyche eines Volkes war, läßt sich nicht so leicht beiseiteschieben und gedeiht zweifellos nach wie vor im Herzen der meisten großen Städte wie auch in den riesigen ländlichen Gebieten, und das wahrscheinlich mit der heimlichen Billigung vieler lokaler Parteikader.

Das Dekret, das diese Kunst als »abergläubisches Überbleibsel« aus Chinas herrscherlicher Vergangenheit und als Affront für den marxistischen Glauben an den »wissenschaftlichen Atheismus« brandmarkte, wurde nach der Kulturrevolution in den Sechziger Jahren von der Kommunistischen Partei erlassen. So gehorsam sich das chinesische Volk seinen Führern gegenüber auch zeigen mag, die durch praktische Erfahrung bestätigten Prinzipien des Feng Shui sind zu tief verwurzelt, als daß sie so einfach aufgegeben werden könnten. Sicher wird es nun auf dem chinesischen Festland weniger augenfällig betrieben, aber statt dessen hat es sich im Rest der Welt ausgebreitet durch die Flüchtlinge, die vor der Revolution flohen, und auch durch jene Vertreter des Feng Shui, die bereits in chinesischen Gemeinden im Ausland lebten und nun weitere Anhänger gewannen. Von Peking über Hongkong, Singapur, Sydney, Los Angeles, San Francisco, New York und London breitete sich die Botschaft rasch in die restliche Welt aus – die Botschaft, daß das Feng Shui einen neuen Lebensansatz anzubieten hat.

Auf den ersten Blick könnte man meinen, diese Verbreitung und Popularität des Feng Shui ließe sich daraus erklären, daß es in der Praxis auch dazu verwendet wird, das Glück anzuziehen. Doch viele Anhänger sind der Meinung, daß die allmähliche Wiedergeburt und allgemeine Akzeptanz einer ökologischen Wissenschaft, die sich mit den Interessen der Erde mit allen ihren Lebensformen, die Menschheit eingeschlossen, verbindet, tiefere

Gründe hat. Ihrer Ansicht nach besteht das Ziel des Feng Shui darin, menschliche Interessen mit denen der Umwelt in Übereinklang zu bringen und den Versuch zu unternehmen, jede Örtlichkeit so gut wie möglich zu einem Spiegelbild der Erde als ein natürliches Paradies werden zu lassen.

Abgesehen von den Männern und Frauen in aller Welt, die die Feng-Shui-Prinzipien zum Bestandteil ihres persönlichen Lebens gemacht haben, gibt es auch so einige öffentliche Anzeichen für eine zunehmende Verbreitung, und zwar in Gestalt von kommerziellen Zwecken dienenden Gebäuden, die unter Anwendung dieser Prinzipien errichtet wurden. Einige davon konnte ich auf meinen Rechercheeisen für dieses Buch besichtigen.

In China selbst steht die berühmte Verbotene Stadt in Peking als herausragendstes Symbol für das Feng Shui, die dem nunmehr berüchtigten Tienanmen Platz nördlich gegenüberliegt und als die glanzvollste kaiserliche Residenz gilt, die die Zerstörungen von Zeit und Geschichte überlebte. In der Tat wäre kein Besuch dieses Landes ohne eine Besichtigung der großen Reichtümer und des Pomps dieses Ortes vollständig zu nennen, der Generationen von Kaisern der Nation als Palast diente. Doch seine Verbindungen mit dem Feng Shui mögen auf den ersten Blick nicht ersichtlich sein, obwohl diese so ziemlich alles mit der Gründung von Peking zu tun haben.

Der Legende nach entstand Peking nicht wildwüchsig wie die meisten großen Städte der Welt: Alle seine Paläste, Residenzen, Straßen und Tore wurden in Übereinstimmung mit einer sich auf Feng-Shui-Prinzipien gründenden graphischen Darstellung erbaut, welche dem Kaiser Yung Lo (1402–1424) zugekommen war. Dieser Kaiser mit dem Spitznamen »Schwarzer Drache« war der vierte Sohn des Begründers der Ming-Dynastie, Hung Wu. Yung Lo, ein eindrucksvoller, grausamer aber brillanter Mann, wurde zum Prinzen von Yen (Peking) ernannt und dann wegen der Eifersucht der Kaiserin aus der damaligen Hauptstadt Nanking verbannt.

Ein alter Priester soll dem »Schwarzen Drachen«, bevor er den Kaiserhof verließ, ein versiegeltes Päckchen übergeben und ihn angewiesen haben, es nur zu öffnen, wenn er Hilfe oder Rat brauche. Als Yung Lo dort anlangte, wo noch die Überbleibsel der alten Stadt Peking standen, welche beim Sturz der mongolischen Dynastie im Jahre 1368 zerstört worden war, beschloß er, das geheimnisvolle Päckchen zu öffnen. Zu seiner Überraschung fand er darin einen Grundplan der künftigen Stadt Peking, bis in die letzten Details ausgeführt und mit Anweisungen versehen, wie sie erbaut werden mußte.

Die neue Stadt sollte in genauer Übereinstimmung mit einem menschlichen Körper angelegt werden – nämlich dem eines Mannes namens No Cha. Dieser Name war dem Prinzen von Yen natürlich vertraut, denn No Cha war ein unsterblicher Riese, mit übernatürlicher Kraft und Tapferkeit begabt, über den man sich viele Geschichten erzählte. Yung Lo sollte eine quadratische und ummauerte Stadt erbauen, die den Körper des Riesen samt Kopf, Herz, Lunge, Magen und so weiter darstellte. Die wechselseitigen Beziehungen seiner Bestandteile, ja sogar auch die Ausstattung der Zimmer, sollte in Übereinklang mit Feng-Shui-Prinzipien erfolgen.

Die meisten westlichen Leser sind wahrscheinlich aufgrund der vielen Fotos in der Presse mit dem Erscheinungsbild der Verbotenen Stadt vertraut und können, wie ich hoffe, es mit der hier abgebildete Feng Shui-Karte in Beziehung setzen. Es ist der Grundplan, nach dem Yung Lo sein glanzvolles Meisterstück erbaute. Wenn Sie sich die in Kapitel 1 und 2 gegebenen Erläuterungen in Erinnerung rufen, dann wird Ihnen der Schlüssel zu den verschiedenen »Körperorganen« und ihre Beziehung zu den Fünf Elementen sofort klar werden.

Zu den symbolischen Punkten, die heutige Besucher noch immer leicht ausmachen können, gehören die drei Haupttore in der südlichen Mauer der Stadt, die No Chas Kopf und Schulter darstellen; Pei Hai im Westen steht für seinen Magen und das Nordtor für das Steißbein. Ein Blick auf diese Grundzüge macht uns vielleicht verständlich, warum Generationen von Chinesen Peking für eine unsterbliche Stadt hielten, in der sich das tiefste Anliegen des Feng Shui, die harmonische Verbindung des Menschen mit seiner Wohnstätte, verkörperte. Und daher verwundert es auch nicht daß, als 1900 ein neues Tor in die Stadtmauern von Peking eingelassen wurde, so manche Menschen glaubten, dem Feng Shui der Stadt sei ernstlich Schaden zugefügt worden.

Seither sind jedoch weitere Tore hinzugekommen und eine Reihe von hohen Gebäuden errichtet worden, die die Verbotene Stadt überragen, und wurden die San Tso Men, zwei breite steinerne Tore mit Dreifachbögen und geschwungenen Dächern, die No Chas Lungen repräsentierten, zerstört. Wenn durch diese Verluste das Gleichgewicht und die Harmonie der Natur nicht irreparabel zerstört wurden, dann, so sagen die Leute, kann das Feng Shui von Peking bestimmt alle vom Menschen angerichteten Verwüstungen überleben.

Die Feng-Shui-Karte von der verbotenen Stadt

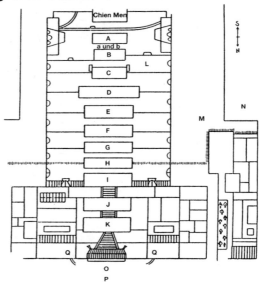

- A Mund – von den Elementen der Erde und des Wassers beeinflußt.
- a&b Lungen – vom Metall-Element beeinflußt.
- B&C Der Herzbeutel – untersteht dem Feuer-Einfluß.
- D Das Herz – untersteht dem Feuer-Einfluß.
- E Bauchfell – vom Feuer-Element beeinflußt.
- F Ein Kanal (der das Herz mit der Leber verbinden soll) – untersteht dem Holz-Element.
- G Leber – untersteht dem Holz-Element.
- H Galle – untersteht dem Holz-Element.
- I Ein anatomischer Punkt zwischen den Nieren (gilt als Gefahrenzone).
- J Linke Niere – untersteht dem Wasser-Element.
- K Rechte Niere – untersteht dem Feuer-Element.
- L Milz – untersteht dem Erd-Element.
- M Magen – untersteht dem Erd-Element.
- N Nabel – untersteht dem Erd-Element.
- O Steißbein – untersteht dem Metall-Element.
- P Männliches Glied – untersteht dem Wasser-Element
- Q Große und kleine Kanäle. Die großen Kanäle unterstehen dem Metall-Element, die kleinen Kanäle dem Wasser-Element.

Mag die chinesische Führerschaft auch in den letzten Jahren die Feng-Shui-Traditionen kaum respektiert haben, anderswo sieht die Geschichte anders aus. In der Enklave Hongkong zum Beispiel haben die Behörden jahrelang mit den Erbauern von neuen Geschäftsvierteln, Hotels und Restaurants kooperiert und ihnen gestattet, sich an die Feng Shui-Prinzipien zu halten. Das luxuriöse Mandarin-Hotel zum Beispiel steht von der imposanten Eingangshalle bis zur kleinsten Hintertür mit den Ausrichtungsregeln in genauem Einklang.

Das wahrscheinlich beeindruckendste Feng-Shui-Beispiel in der Kolonie ist die 47 Stockwerke hohe Hongkong und Shanghai Bank, die am Fuße des Victoria Peak gelegen auf das Meer blickt. Dieser erste Milliarden-Dollar-Bau der Welt wurde von dem britischen Architekten Sir Norman Foster entworfen, dessen Pläne anschließend einem Feng-Shui-Experten vorgelegt wurden, der dann noch einige feinere Veränderungen vorschlug, bevor mit dem Bau begonnen wurde. Zwar erhebt sich hinter dem Gebäude ein Hügel, der der Verbindung von Azurblauem Drachen und Weißem Tiger ähnelt und Schutz vor bösen Einflüssen bietet, und ist auch die Szenerie an seiner Vorderseite geeignet, Reichtum anzuziehen und zu mehren, aber es ergaben sich zunächst Probleme mit der Lage der Fahrstühle in seinem Innern. Diese mußten so verändert werden, daß die vom Vordereingang nach »oben« führenden Lifte den in die Bank hineinführenden Geldfluß unterstützten, während die nach »unten« führenden Lifte so angelegt wurden, daß sie den Geldfluß vom Ausfließen abhielten. Zwei Bronzelöwen, die die Vorderseite des alten Bankgebäudes bewacht hatten, bekamen ebenfalls neue Ehrenplätze vor dem Superbau, um dessen Glück sicherzustellen.

Man erzählt sich auch eine interessante Geschichte über den Regierungssitz, jenes im Herzen Hongkongs gelegene weiße Herrenhaus im Kolonialstil. Seine imposante, erhöhte Lage, die geschwungene zur Eingangstür führende Auffahrt und das Spalier von Bäumen an seiner Rückseite ließ viele Ortsansässige vermuten, daß der ursprüngliche Planer und Architekt dieses Gebäudes Feng-Shui-Experten zur Seite gehabt haben mußte, denn sowohl der Bau wie auch seine Lage erfüllen alle Bedingungen auf vollkommene Weise.

Als der Regierungssitz 1874 erbaut wurde, war auch noch eine andere interessante Geschichte über das Feng Shui der Kolonie in Umlauf, die F.S. Turner berichtet hat.

129

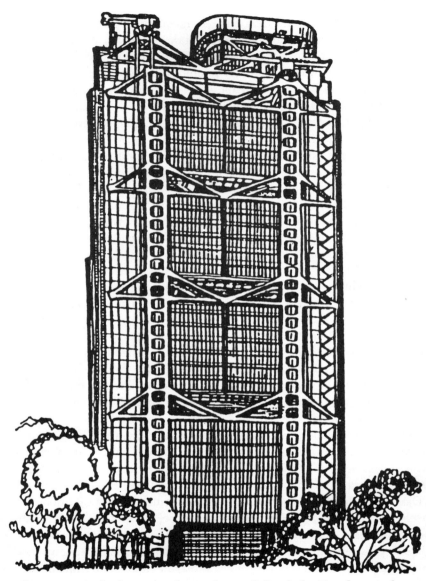

Die Skizze eines Architekten vom ultramodernen Gebäude der Hongkong und Shanghai Bank in Hongkong, das nach alten Feng-Shui-Prinzipien errichtet wurde.

»Der übelste Einfluß, unter dem Hongkong zu leiden hat, geht von diesem merkwürdigen Fels am Rande des Hügels in der Nähe von Wanchai aus. Man kann ihn von Queen's Road East deutlich sehen, und Ausländer sehen in ihm gewöhlich Kain und Abel – Kain, der seinen Bruder erschlägt. Die Chinesen jedoch sehen in ihm eine weibliche Gestalt, die sie die böse Frau nennen, und sie sind allen Ernstes und fest davon überzeugt, daß alle Unmoral Hongkongs, all die Rücksichtslosigkeit und all das Laster von Taipingshan von diesem verderbten Fels verursacht werden.

So tief ist dieser Glaube in den untersten Klassen von Hongkong verwurzelt, daß diejenigen, die von unmoralischen Praktiken profitieren, tatsächlich hingehen und den Fels verehren, an seinem Fuße Opfergaben darbringen und Weihrauchstäbchen anzünden. Niemand wagt es, ihm Schaden zuzufügen, und mir wurde von vielen, ansonsten vernünftigen Menschen erzählt, daß einige Steinmetze, die an seinem Fuße Blöcke herauszuhauen versuchten, gleich danach einen plötzlichen Tod starben.«

Juli 1997 erlischt das britische Mandat, und Hongkong wird an die chinesische Regierung zurückgegeben. Die Feng-Shui-Anhänger in der Kolonie warten natürlich gespannt darauf, ob die neuen Herrscher auch hier versuchen werden, diese Kunst zu unterdrücken.

Singapur ist ein anderer Ort, wo das Feng Shui gedeiht. Es gibt zahlreiche Hotels, Wohnungen und vor allem Restaurants, die nach seinen Prinzipien entworfen wurden. Ein exzellentes Beispiel dafür fand ich im Novotel Orchid Inn an der Dunearn Road, wo ich während meines Aufenthalts abstieg. Das Restaurant des Hotels, das Dragon City, wies eine überdachte Eingangstür auf, um das gute *Ch'i* einzufangen, verschiedene Talismane und Ornamente, um das schädliche *Sha* abzuhalten und war in seinem Dekor rot gehalten, der Farbe des Glücks und Wohlergehens. Ein wirklich sehr harmonisches Ambiente, und auch das Essen war ausgezeichnet.

Das Hyatt Hotel in dieser Stadt war nach seiner Eröffnung offensichtlich ziemlich erfolglos, bis ein Feng-Shui-Experte bemerkte, daß seine Haupttüren nach Nordwesten wiesen – was den bösen Geistern Zutritt erlaubte – und daß sich der Kassenschalter in einer Parallele zur Hauptstraße befand, was bedeutete, daß das Geld allzu leicht wieder aus dem Gebäude herausfließen konnte. Als hinsichtlich der Türen entsprechende Maßnahmen ergriffen und vor dem

Der berühmte Sea Guard Tower *in Shanghai, der nach Feng-Shui-Richtlinien erbaut wurde.*

Gebäude zwei Springbrunnen installiert wurden, um das *Sha* abzuwehren, wendeten sich die Dinge rasch zum Besseren.

Für Menschen mit Sinn für Geschichte stellt der malerische Kuan Yin Tang Tempel, der 1886 am Telok Blangah Drive erbaut wurde, eines der besten Feng-Shui-Beispiele dar. Er steht auf einer Erhebung, ist an seiner Rückseite und zu beiden Seiten von Hügeln umgeben und eröffnet eine wunderbare Aussicht auf das Meer. Man sagt, der imposante fünfstöckige Sea Guard Tower in Shanghai, ein weiteres berühmtes Beispiel für die Anwendung der Prinzipien dieser alten Kunst auf dem chinesischen Festland, sei die Vorlage dazu gewesen.

Als mich meine Reisen nach Australien führten, fand ich auch dort in den chinesischen Gemeinden Hinweise auf die Feng-Shui-Praxis. In der Chinatown von Melbourne zum Beispiel konnte ich in Läden in der Little Bourke Street Talismane mit Yin-und-Yang-Symbolen sehen, die schädliche Einflüsse abhalten sollten; in Bendigo, Victoria, das während des Goldrauschs Berühmtheit erlangte, baute eine Reihe von chinesischen Immigranten kleine Häuschen nach Feng Shui-Prinzipien, die noch heute existieren und den Menschen ein glückliches Heim bieten.

Nach Aussage von Experten gilt das Opernhaus von Sydney als Australiens vollkommenstes Beispiel für die Feng-Shui-Praxis. Seine einzigartige Form und der umfassende Einsatz von Glas steht für die Merkmale des Wasser-Elements, weil es »keine und jede Form hat«. Auch seine Lage ist äußerst günstig, da es direkt am Rande des Wassers steht. Da Wasser im Feng Shui das Element der Kommunikation ist – und alle Künste fallen in diese Kategorie –, verwundert es nicht, daß sich diese Oper einen weltweiten Ruf für hervorragende musikalische Darbietungen erworben hat.

Die Geschichte setzte sich fort, als ich mich über den Pazifik hinweg auf den Heimweg machte. In den Vereinigten Staaten, die ja auch einen hohen Prozentsatz von chinesischen Immigranten aufweisen, fand ich Hinweise auf die Feng Shui-Praxis in Städten wie Los Angeles, San Francisco und New York. In der Tat gibt es in San Francisco einige professionelle Feng-Shui-Experten, die ihre Dienste nicht nur der lokalen chinesischen Bevölkerung anbieten, sondern auch von weißen Amerikanern in Anspruch genommen werden, die sie in Haushaltbelangen um Rat fragen und sie auch konsultieren, um mit Hilfe der Acht Trigramme etwas über ihre Zukunft in Sachen Gesundheit, Wohlstand und Liebe zu erfahren.

An der ganzen Westküste hörte ich Geschichten über die Verbreitung des Feng Shui, und im Zentrum von Hollywood, in Berverly Hills, findet man das klassische Beispiel eines Gebäudes, das auf spektakuläre Weise all dessen Bedingungen erfüllt. Es ist der als das I. M. Pei Gebäude bekannte »Glaspalast«, der dem mächtigsten Agenten der Filmwirtschaft, Mike Ovitz, als Hauptquartier dient. Sorgfältig auf die Landschaft der Umgebung abgestimmt und im Inneren auf eine Weise ausgestattet, die Ausgewogenheit und Harmonie garantiert, könnte man es als die erfolgreichste Feng-Shui-Stätte der Welt bezeichnen – doch zumindest ist es das Zentrum von Ovitzs Reich der »Megapiepen« und Megastars. Und als sollte der Einfluß des I. M.-Pei-Gebäudes noch unterstrichen werden, befindet sich direkt gegenüber ein exklusiver Ausstellungsraum für Rolls-Royce.

New York verfügt ebenfalls über eine große chinesische Gemeinde, aber hier wurden die Gebäude wohl eher in einer unbewußten Suche nach jenen Elementen errichtet, die das Feng Shui für die Menschen so wertvoll macht. Das Rockefeller Center mitten in Manhatten zum Beispiel weist Flure auf, in denen das *Ch'i* ungehindert und ungeachtet all der ewigen Geschäftigkeit in seinen Gebäuden fließen kann, während die jahreszeitlich bedingten Pflanzen auf dem offenen Platz in seinem Zentrum die harten Konturen der Wolkenkratzer etwas abmildern und das Ganze der Natur etwas näher bringen. Ein amerikanischer Feng-Shui-Experte sagte mir, dies sei der Grund, warum so viele New Yorker dort unbewußt Entspannung suchen.

Das Lincoln Centre mit seinen fünf überwölbten gläsernen Passagen ist auch ideal, um günstige Einflüsse in das Gebäude zu lenken. Noch besser ist das wie ein Organ geformte Guggenheim-Museum, das von dem berühmten amerikanischen Architekten Frank Lloyd Wright erbaut wurde und die besten Prinzipien des Feng Shui verkörpert, indem es die Kontinuität der Natur symbolisiert und scharfe Kanten, die das schlechte *Sha* anziehen, vermeidet.

Als ich dann wieder in England war, entdeckte ich, daß das Feng Shui unbewußt auch hier schon seit Jahrhunderten die Bauweise bestimmter Stätten beeinflußt hatte. Nach Vincent Scully, dem Autor von *The Earth, The Temple and the Gods* (1976) »weist eine Anzahl megalithischer Monumente in Europa – vor allem Stonehenge – symbolische astronomische Merkmale auf und gibt es bezeichnende Legenden, die darauf hindeuten, daß ihre ursprüngliche Funktion mit der Feng-Shui-Praxis prähistorischer Zeiten in Verbindung stand.«

Ein anderer Experte auf seinem Gebiet, Nigel Pennick, hat ebenfalls das Gefühl, daß manche Hügel auf den Britischen Inseln, auf denen sich noch solche Monumente und Steinkreise finden, in früheren Zeiten in derselben Weise genutzt wurden, wie sich die Chinesen des Feng Shui bedienten. In seinem Buch »Die alte Wissenschaft der Geomantie« schreibt er:

»Die innerliche Geometrie, die allen materiellen Dingen zugrunde liegt, ist die Basis für die geomantische Architektur, von der gefordert wird, daß sie mit Verwendungszweck und Position auf der Oberfläche des Planeten harmoniert. Die zwischen geomantisch angelegten Stätten von Forschern wie Black, Benett, Watkins und Heinsch entdeckten Fluchtlinien scheinen in verschiedenen Kulturen unter unterschiedlichen Bezeichnungen bekannt gewesen zu sein: die Geisterpfade oder *Lung-mei* in der chinesischen Geomantie; die Feenwege in Irland; die Royal Roads (Königsstraßen) in England usw. Diese Geometrie war für die Eingeweihten vieler Religionen ein Gegenstand der Meditation; sie liegt der sakralen Kunst jeder großen Religion zugrunde... Kurzum, sie stellt das universelle Mittel dar, durch das die wirkliche Einheit des Universums verstanden werden mag.«

Obwohl ich nicht die Zeit hatte, noch weitere Untersuchungen anzustellen und herauszufinden, welche anderen Bauten und Stätten in England den gleichen Prinzipien wie denen des Feng Shui verpflichtet sind, soll hier doch wenigstens noch der Fall von Sir William Chambers erwähnt werden, der 1757 Kew Gardens umgestaltete. Er nahm sich dabei, wie er später beschrieb, die spontane Unregelmäßigkeit und asymmetrische Planung zum Vorbild, die bei so vielen chinesischen Gärten geistig Pate stand, wie er erfuhr:

»Einiges davon habe ich an einigen Orten gesehen, habe aber doch von anderen weitaus mehr darüber gehört, die unter den Chinesen lebten, einem Volk, dessen Denkweise von der unseren in Europa ebenso weit entfernt zu sein scheint wie ihr Land. Sie setzen ihre Imaginationsgabe in höchstem Maße dazu ein, Muster von großer, ins Auge fallender Schönheit zu ersinnen, doch ohne ihnen eine Ordnung oder Anordnung der Bestandteile zu geben, die allseits oder leicht zu entdecken wäre. Und obwohl wir kaum eine Vorstellung von dieser Art von Schönheit haben, haben sie doch ein spezielles Wort dafür, und wo sie ihrer auf den ersten Blick ansichtig werden, sagen sie, das *Sharawadgi* ist schön oder bewundernswert oder etwas in der Art, das ihre Wertschätzung ausdrückt.«

Das Wort *Sharawadgi* ist fast mit Sicherheit eine Verballhornung des Wortes Feng Shui, so wie es sich im Chinesischen für westliche Ohren angehört haben mag, und dies meinte Sir William gewiß, als er seine Inspiration für Kew benannte. Heute stellen die Gärten noch immer ein Denkmal seiner Vision dar ... und vielleicht auch ein Tribut an diese alte chinesische Kunst.

Die bekannte Einkaufspassage im Herzen Londons an der Oxford Street lädt zu einem ähnlichen Vergleich ein, was zum erstenmal von den scharfen Augen Lady Susan Trownleys, als sie von einer Chinareise nach England zurückkehrte, entdeckt wurde. Dort hatte sie offensichtlich etwas über das Feng Shui von Gebäuden gelernt, und so schrieb sie in ihrem 1904 veröffentlichtem Buch *My Chinese Note Book:* »Die Chinesen glauben, daß die Dächer von angrenzenden Häusern nie auf gleicher Höhe errichtet werden sollten. Von daher kann das Feng Shui der Oxford Street als gut betrachtet werden, wohingegen das der meisten Pariser Durchgangsstraßen schlecht ist.«

Das also sind nur ein paar der sichtbareren Zeichen für das Feng Shui, die wir an verschiedenen Orten der Welt wahrnehmen können. Sein unsichtbarer Einfluß aber findet sich überall, wie ich in diesem Buch aufzuzeigen hoffte. Ich möchte Sie dazu einladen, sich seine Prinzipien in Ihrem persönlichen Leben zunutze zu machen, denn es hat seine Bedeutung, daß diese sehr alte und langlebige Kunst, wie sie sich aus Jahrhunderten chinesischer Erfahrung herauskristallisiert hat, auch die »Wissenschaft vom Glück« genannt wird ...

Literatur

Hier sind die verschiedenen Werke aufgeführt, die ich bei meinen Recherchen zu diesem Buch konsultierte. Sie alle möchte ich den Lesern empfehlen, die gerne etwas über die Geschichte und Entwicklung des Feng Shui und die etwas komplexeren Details seiner Praxis in Erfahrung bringen möchten.

Baker, H.: *Ancestral Images,* Hongkong 1979.
Ball, Dyer: *Things Chinese*, London 1892.
Bloomfield F.: *The Book of Chinese Beliefs*, New York 1989.
Bloodworth, Dennis: *The Chinese Looking Glass*, New York 1980.
Burkhardt, V. R.: *Chinese Creed and Customs*, Hongkong 1982.
Cumming, Constance: *Wanderings in China*, Edinburgh 1896.
De Groot, J. J. M.: *The Religious Systems of China*, Leiden 1897.
Dore, Henry: *Manuel des superstitutions chinoises ou petit indicateur des superstitutions les plus communes en Chine,* Shanghai 1929.
Edkins, J.: *Feng Shui*, Foochow 1872.
Eitel E. J.: *Feng Shui: The Science of the Sacred Landscape in Old China*, London 1973.
Feuchtwang, S. D. R.: *An Anthropological Analysis of Chinese Geomancy*, Laos 1974.
Henry, B. C.: *The Cross and the Dragon*, New York 1885.
Holcombe, Chester: *The Real Chinaman*, London 1895.
Hsu, Francis: *Under the Ancestor's Shadow*, Stanford University Press 1971.
Johnston, R. F.: *Lion and Dragon in Northern China*, London 1910.
Knapp, Ronald G.: *The Chinese House*, Oxford University Press 1990.
Lip, Evelyn: *Chinese Geomancy*, Singapur 1979.
O'Brian, Joanna und Kwok Man Ho: *Elements of Feng Shui*, Element Books, GB, 1991.
Pennick, Nigel: *The Ancient Science of Geomancy*, London 1979. Dt.: *Die alte Wissenschaft der Geomantie,* München 1982.
Pennick, Nigel: *Earth Harmony*, London 1987.
Porter, L. L.: *Feng Shui: Or How The Chinese Keep in Tune with Nature*, Foochow 1920.
Rossbach, Sarah.: *Feng Shui: The Chinese Art of Placement*, New York 1984. Dt.: *Die Zukunft bauen: Feng Shui und ökologische Landschaftsgestaltung*, München 1990.
Skinner, Stephen: *The Living Earth Manual of Feng Shui*, London 1982. Dt.: *Chinesische Geomantie: Die Lehren des Feng Shui von der geheimen Kraft der Erde*, München 1987.

Skinner, Stephen: *The Oracle of Geomancy*, New York 1977. Dt.: *Praxis und Technik des Erdorakles*, München 1991.

Turner, F. S.: *Feng Shui*, London 1874.

Walters, Derek: *Feng Shui*, London 1988; dt.: *Feng Shui. Kunst und Praxis der chinesischen Geomantie*, CH-Wettswil 1992.

Wheatley, Paul: *The Pivot of the Four Quarters*, Chicago 1971.

Wu, N. I.: *Chinese Architecture*, London 1968.

Register

Acht Trigramme 59 ff., 66, 68, 75, 80, 83, 106 ff., 112 ff.
Akupunkturmeridiane 23
Arbeitszimmer 77, 87 f.
Armleuchter; *siehe auch* Beleuchtung 69
Auffinden der idealen Ausrichtung, Tabelle 48
Ausrichtung einer Wohnstätte s. Lage…
Aussichten 63 ff.
Australien 133
Azurblauer Drache 24 ff., 47, 66, 76, 80, 99, 129

ba-gua 66 f.
Badezimmer; *siehe auch* Toilette 88 f.
Bambusflöte 65
Bäume 40 f., 47, 79, 99 ff.
Beleuchtung 57, 77 f., 81 f., 87
Berg Tai 71
Betten 75, 90 ff.
Beziehung zu Ihrem Heim 18
Blumen 84, 101 ff.
Buddha 71

Ch'i (Lebensatem) 13 ff., 22 ff., 38 ff., 47, 49 ff., 55 ff., 63, 69, 74 f., 77 ff., 82 f., 88 ff., 131, 134
Chambers, W. 135 f.
Chinesisches Horoskop 78, 90 f.
Chou, Herzog von 60
Cumming, C. 9

Das Buch des Prinzen von Huai Nan 106
De Groot, J. J. M. 34

»Die alte Wissenschaft der Geomantie« 135

Edkins, J. 39
Eitel, E. 24
Elemente; *siehe* Fünf Elemente, Kontrollierende Elemente
Eßbesteck 82
Eßzimmer 79 ff.
Eßzimmertische 80

Fächer 69
Farbgestaltung 77 ff., 82, 84, 87, 89
Feng Shui 24
Feng Shui 16 f., 125 ff.
– Ziele 9, 17 f.
– Definition 7
– Formen 23
– primäre Elemente 22
Fenster 64 ff., 79 f., 83, 87, 91 f.
Fische und Aquarien 84
Flure 57
Flüsse; *siehe* Wasser
Foster, Sir N. 129
Fu Hsi, Kaiser 106
Fünf Elemente 22, 33 ff., 54, 87, 102, 127
– Tabellen 34, 42, 45
– Kontrollierende Elemente 44 ff., 95
– generative und destruktive Abfolgen 35, 45

Garage 63, 92 f., 101
Gärten; *siehe auch* Kew Gardens 82, 94 ff.

139

»Geheime Pfeile« 50, 65, 91
Gemälde (im Text auch als Bilder) 79, 84, 91 f.
Glücksbringer, Talismane, Amulette 55, 66 ff., 76, 83, 88
Goldfische 44, 67, 84
Gongs 69
Gott der Langlebigkeit (im Text »Gott des Langen Lebens«) 71
Großbritannien 134 ff.

Haushalts-Feng-Shui 52 ff.
Heim, ideales 22 ff.
Holcombe, C. 9
Hongkong 38, 40, 129 ff.

I Ging (Buch der Wandlungen) 60, 75, 110
Innenhöfe 87, 95, 102
Intuition 111 f.

Jahreszeiten 23

Keramik 88
Kew Gardens 135
Kiang-tse-ya 71
Kinder 76
Klangspiele 55, 65, 69
Kompaß; *siehe Lo P'an*
Konfuzius 53, 60
Kontrollierende Elemente 44 ff., 95
Küche 81 f.

Lage der Wohnstätte und anderer Gebäude 15 ff., 24, 27
Lo P'an (Kompaß mit Magnetnadel) 47, 49, 67, 69, 71, 90, 100, 106
Lo Shu 106 ff.
London 136

Magische Inschriften 69
Markise 77

Mauern, Verwendung von 47, 81, 94, 99 f.
– Farbgebung 79
Ming Gräber (nahe bei Peking) 26 ff.
Ming Tan'g 88
Miniaturtürmchen 99
Möbel, Anordnung der 16 f., 58, 78, 83 ff., 90
Mosaike 102
Münzen, alte chinesische 67
Muster und ihre Symbolik 86 f.

Neunerregel 107, 108
New York 133 f.
No Cha (Riese) 127

Opernhaus von Sydney 133
Ovitz, M. 134

Pagoden 97 ff.
Pavillons 102
Pei I. M. 134
Pennick, N. 135

Räume, Wahl ihrer Funktion und ihres Dekors 35 ff.
– ideale Größe 74 f.

Scheren 69 f.
Schlafzimmer 58, 63, 90 ff.
Schreibtische 87
Schwerter 69
Scully, V. 134
Sha 14 ff., 41, 47, 50 f., 53, 55 f., 58, 67, 82 ff., 131, 134
Shanghai 133
Singapur 131
Sitzanordnung 75 f., 80, 83 f.
Spiegel, Macht der 55 ff., 69, 81, 87, 92
Steingärten 109 f.
Stonehenge 134

Teiche; *siehe auch* Wasser 100f.
The Real Chinaman 9
The Religious System of China 34
Tiere, Symbolik 67, 78
Toilette 88
Topfpflanzen; *siehe auch* Blumen 69,
    85f., 105
Tore 127
Tote Bereiche 58, 74
Townley, Lady S. 136
Trennwände 57, 76
Treppen 57
Trigramme; *siehe* Acht Trigramme
Türen 55ff., 64f., 79
Turner, F. S. 10, 129

Van Over, R. 110
Ventilation 69, 77, 81, 87
»Verbotene Stadt« (Peking) 127
Vereinigte Staaten von Amerika
    131f.
Vorhänge 57, 77, 89

Wanderings in China 9

Wandschirme 57, 83
Wasser 79, 88f.
– Macht des 19, 22, 38ff.
Wege 100f.
Weihrauchstäbchen 40, 131
Weissagungen 107ff.
Weißer Tiger 24ff., 47, 66, 76, 80, 99,
    129
Wen (König) 60
Werkstatt; *siehe* Garage
Wintergarten 95, 102, 105
Wohnzimmer 82ff.

Yates, Rev. M. 98f.
Yin und Yang 19f., 35, 58f., 61f., 66, 71,
    77f., 84, 90, 97, 100ff., 113
Yuan Ze Gartenhandbuch 94, 96
Yung Lo, Kaiser 126f.

Zahlen, Symbolik 54f., 106ff.
Zauberglöckchen 69
Zen-Gärten 94f.
Zhi, H. 23
Zimmerdecken 83

141

Roland Possin
Vom richtigen Essen
Ernährung im Einklang mit den vier Elementen
Mit umfangreichem Rezeptteil
176 Seiten, Festeinband

Gesunde Ernährung sollte individuell an den Konstitutionstyp des Menschen angepaßt sein. Der Ernährungswissenschaftler Roland Possin erläutert die unterschiedlichen Wirkungsweisen von Nahrungsmitteln und leitet daraus ab, welche Nahrung sich auf welches Temperament stärkend oder schwächend auswirkt. Grundlage dafür ist die 2000 Jahre alte Temperamentenlehre der Griechen mit den klassischen vier Elementen Luft, Feuer, Wasser und Erde und das ganzheitlich orientierte indische Medizinsystem Ayurveda.

Neben einfach zu handhabenden, auf das jeweilige Temperament abgestimmten Rezepten gibt es mannigfaltige Tips und Anregungen, im Einklang mit seinem Temperament zu leben und Gesundheit und Wohlbefinden zu fördern.

Johanna Paungger · Thomas Poppe
Vom richtigen Zeitpunkt
Die Anwendung des Mondkalenders
im täglichen Leben

216 Seiten mit 4 Mondkalendarien, Festeinband

Johanna Paungger gehört zu den wenigen Menschen, die mit dem Wissen um den Einfluß des Mondes auf Mensch und Natur aufgewachsen sind. Ihre Hauptthese: Es gibt für jede Verrichtung des alltäglichen Lebens – von Heilkunde und Gesundheit über Ernährung und Haushalt bis zu Garten- und Feldarbeit – den optimalen Zeitpunkt, den der Mond bestimmt. Die Wirkungsweise des Mondes hängt von seinen sechs »Zuständen« ab, dem Voll- und Neumond, dem zu- und abnehmendem und dem auf- und absteigendem Mond, und davon, in welchem Tierkreiszeichen er sich gerade befindet.
Wie man sein Leben nach den Mondphasen einstellen kann, wird hier umfassend mit Ratschlägen, Tips und Regeln dargestellt.

IRISIANA